Daniela Krause

111 Orte für Kinder in und um Bremen, die man gesehen haben muss

111

emons:

Bibliografische Information der Deutschen Nationalbibliothek
Die Deutsche Nationalbibliothek verzeichnet diese Publikation in der Deutschen Nationalbibliografie; detaillierte bibliografische Daten sind im Internet über http://dnb.d-nb.de abrufbar.

MIX
Papier | Fördert gute Waldnutzung
FSC® C083411

Gestaltung: Conny Laue, Editorial Design & Artdirection, Bochum, nach einem Konzept von Lübbeke | Naumann | Thoben und Nina Schäfer
Kartografie: altancicek.design, www.altancicek.de
Kartenbasisinformationen aus Openstreetmap,
© OpenStreetMap-Mitwirkende, ODbL
Druck und Bindung: CPI – Clausen & Bosse, Leck
Printed in Germany 2023
ISBN 978-3-7408-2037-4

VORWORT

Kinder haben eine wundervolle Eigenschaft: Sie freuen sich aus vollem Herzen über die kleinen Dinge im Leben. Das kann eine Matschkuhle sein, ein Tier zum Streicheln oder die selbst vom Feld gepflückte Erdbeere. Sie sind von Grund auf neugierig auf die Welt und möchten am liebsten jeden Tag kleine Abenteuer erleben. Was gibt es Schöneres, als sie auf dieser Reise begleiten zu dürfen? Einer Reise durch die eigene Heimatstadt.

Wir haben uns auf die Suche nach 111 Orten in und um Bremen begeben, an denen nicht nur Kinder, sondern auch Erwachsene ihre Freude haben. Lustige, interessante, spannende, tierische, kreative, kulinarische, nasse, wilde, manchmal auch etwas gruselige und ungewöhnliche Orte. Im Mittelpunkt stand für uns das gemeinsame Erlebnis und nicht zuletzt das Erleben mit allen Sinnen.

Viele Plätze waren für uns selbst Neuland. Bei einigen zweifelten wir anfangs: »Ach nee, die kennt schon jeder!« Bis wir sie besuchten und – Überraschung! – doch noch eine neue Facette entdeckten. Für wiederkehrende Veranstaltungshighlights lohnt es sich, Termine schon jetzt freizuhalten.

Die Tipps, die wir uns zu den jeweiligen Orten überlegt haben, befinden sich in der Nähe oder sie haben thematisch etwas miteinander zu tun. Am Ende des Reiseführers sind alle 111 Orte in Karten eingetragen. Wer also mehrere Locations hintereinander ansteuern möchte, kann sich somit seine individuelle Tour zusammenstellen. Wie auch immer ihr, liebe Leser, dieses Buch nutzen werdet – wir wünschen viele schöne Familien-Ausflüge mit diesem Schatzkästchen voller Ideen.

Herzlichst
Familie Krause

111 ORTE

1_DAS ÄLTESTE FAHRZEUG

Die Pferdebahn im Straßenbahnmuseum

1888 – das Baujahr des ältesten Bremer Fahrzeugs kann man sich gut merken. »Bremer Pferdebahn« ist an der Wagenseite zu lesen, darüber die Wagennummer 23. Sie war das erste größere öffentliche Verkehrsmittel, das über Bremens Straßen rollte. Gezogen von einem einzigen Pferd, zuckelte die Bahn von der Börse bis zur Horner Kirche.

Als Gerd Borcherding, langjähriges Mitglied und 1. Vorsitzender des Vereins »Freunde der Bremer Straßenbahn e.V.«, die Pferdebahn im Jahr 2009 aus einem Kleingarten bergen und ins Bremer Straßenbahnmuseum »Das Depot« bringen ließ, war er sicher, eines der letzten erhaltenen Exemplare dieser Art vor der Nase zu haben. Unzählige seiner ehrenamtlichen Arbeitsstunden sind seitdem in die Restauration geflossen.

Um den Wagen »23« herum parken Bahnen aus vergangenen Jahrzehnten, die jüngste ist ein Niederflurfahrzeug aus den 90ern. Hier kann man die Türen öffnen, einsteigen, unter Aufsicht auf dem Fahrersitz Platz nehmen, die Glocke bimmeln lassen und eine Durchsage machen. Im Ausstellungsraum des Museums dürfen Kinder ebenfalls vieles anfassen, Fahrkarten lochen und stempeln, mit Holzeisenbahnen spielen und mit der Kurbel nach 50-Cent-Einwurf die Modellstraßenbahn steuern. Ab circa zwölf Jahren sind sie alt genug, um sich der Jugendgruppe des Vereins anzuschließen. In der Werkstatt reparieren sie Bauteile, bereiten die historischen Bahnen für den Betrieb vor, begleiten Sonderfahrten oder basteln unter fachkundlicher Anleitung im Modellclub an Fahrzeugen und Anlagen.

TIPP: Als i-Tüpfelchen fährt die alte Linie 9 an den Öffnungstagen vom Bahnhof aus direkt zum Straßenbahnmuseum. Der Ein- und Ausstieg ist an den Haltestellen Sebaldsbrück, Hauptbahnhof und Domsheide möglich. Kinder bis einschließlich 14 Jahre zahlen für das Ticket nichts. Die Bahn ist nicht barrierefrei.

Adresse Schloßparkstraße 45, 28309 Bremen-Sebaldsbrück // **ÖPNV** Linie 2, 10 oder Bus 21, 29, 33, 34, 37, 44, 730 und 740, Haltestelle Sebaldsbrück // **Öffnungszeiten** 2. So im Monat 11–17 Uhr (letzter Einlass 16 Uhr), mehr Infos: www.fdbs.net // ab 6 Jahre

2_Die Barkasse »Vegebüdel«

Nimm mich mit, Kapitän!

»Kartüffel, Kartüffel, Kartüffel« – dieses Geräusch hören die Gäste an Bord der Barkasse »Vegebüdel«, sobald sie die Tür zum Maschinenraum öffnen. Läuft »Lissy« rund, ist die Crew zufrieden. Mit seinen 42 Litern Hubraum und

drei Zylindern schafft der Deutz-Diesel-Motor des Vegesacker Ausflugsschiffes 100 PS, was einer Geschwindigkeit von 8 Knoten, also 15 km/h entspricht.

Bevor die »Vegebüdel« (Baujahr 1950) an die Weser kam, hatte sie ein aufregendes Leben: unter anderem als Bereisungsschiff im Hamburger Hafen, als Eisbrecher auf der Hunte und als Wartungsschiff für Arbeiten an Fahrwassertonnen und Uferbefestigungen. In Vegesack fand die Barkasse ihren Heimathafen. Hier wird sie von den Ehrenamtlichen des MTV Nautilus in Schuss gehalten.

Immer wieder sonntags während der Saison dreht sie mit ihren Passagieren eine Runde auf Weser und Lesum. Circa eine Dreiviertelstunde dauert der kostenlose Törn. Unter Aufsicht der Eltern dürfen sich Kinder im Schiffsinneren frei bewegen und den Skipper besuchen. Die »Vegebüdel« schippert entlang der Maritimen Meile, vorbei an kleinen und großen Yachten, Wassersportvereinen und grünen Ufern. Auf der Lesum erhascht man einen Blick auf das Lesumsperrwerk, das als Hochwasserschutz und Brücke in einem dient. Auf der Weser steht die Schiffbautradition Vegesacks im Mittelpunkt der Moderation. Wieder angelangt an der Signalstation dürfen die Gäste mit einer Spende dafür sorgen, dass »Lissy« der Diesel auch in Zukunft nicht ausgeht.

Adresse Signalstation, Vegesacker Weserpromenade 1, 28757 Bremen-Vegesack // ÖPNV Zug oder Bus 90, 91, 92, 94, 95, 98, Haltestelle Bahnhof Vegesack, von dort circa 8 Minuten zu Fuß // Öffnungszeiten Fahrzeiten Mai – Sept. So 15, 16 und 17 Uhr, Reservierungsanfrage per Mail an vegebuedel@mtv-nautilus.de, mehr Infos unter www.mtv-nautilus.de

TIPP: Walfang, Handwerk, Hafenbau – im Geschichtenhaus (Zum Alten Speicher 5A) wird die Vegesacker Hafenhistorie mit Schauspielern lebendig (geöffnet: Mi – Sa 11 – 16 Uhr, letzter Einlass 15 Uhr). Es gibt ein weiteres Geschichtenhaus im Schnoor, das sich der Bremer Stadtgeschichte widmet (Wüstestätte 10).

3_DIE BESTEN RODELHÜGEL

Die Sache mit dem Schnee …

Um es vorweg zu sagen: Als schneeverwöhnt kann man Bremen nun wirklich nicht bezeichnen. Wenn es aber endlich kalt genug und über Nacht alles in eine weiße Decke gehüllt ist, ziehen sich die Kinder in Rekordzeit an, um sich in den Schnee zu stürzen. Da darf dann der Schlitten nicht fehlen! Und wer braucht bitte schön Berge, wenn es in der eigenen Stadt solch grandiose Rodelhügel gibt?

Beliebt bei vielen Bremer Familien sind beispielsweise die Deiche, ob nun der Osterdeich zwischen Schlachte und Weserstadion oder der idyllischere Habenhauser Deich. An beiden Orten schafft man es selbst mit kürzeren Beinen, den Schlitten nach der Abfahrt allein nach oben zu befördern. Bremsen sollte man allerdings auch können, sonst endet die Fahrt im Ufergebüsch. Den Jürgensdeich unterhalb des Jürgenshofs lässt es sich ebenfalls prima hinabgleiten.

Aber nicht nur die Deiche bieten hervorragende Rodelbedingungen: Familienfreundliche Pisten lassen sich zum Beispiel auch im Stadtwald rund um den Aussichtsturm und im Bürgerpark finden. In den Wallanlagen gibt es weitere Möglichkeiten für kürzeren und längeren Rodelspaß.

»Schneller, steiler, weiter« ist das Motto in Burglesum. Im Knoops Park begeben sich Schlittenfahrer auf die längsten und laut Rodelexperten verwegensten Abfahrten der Stadt. Doch keine Sorge: Kleinere Kinder kommen an sanfter abfallenden Hängen ebenso zum Zug. Sollte es im Park zu voll werden, weichen Nordbremer Familien zum Beispiel auf die Grohner Seite des Lesumsperrwerks aus.

Adresse zum Beispiel im Knoops Park, 28759 Bremen-St. Magnus, weitere Bremer Rodelpisten unter dem Stichwort »rodeln« auf www.bremen.de // ÖPNV Bus 94, 95, Haltestelle Knoops Park

TIPP: Noch nicht genug vom Wintersport? Bremen hat einen großen Ski-Club, der jährlich Skireisen für jede Alters- und Könnensstufe organisiert, etwa in den Harz oder in die Alpen (www.bremer-ski-club.de).

4_DER BLINDENGARTEN

Immer der Nase nach!

Am Rande des Knoops Park im Herzen von St. Magnus liegt ein besonderer Garten. Der Blindengarten Bremen ist ein grünes Kleinod, das angelegt wurde, um die Pflanzenwelt für blinde Menschen mit allen Sinnen erlebbar zu machen. Aber auch für Familien ist der Blindengarten ein schönes Ausflugsziel. Wer lernen möchte, wie nicht Sehende die Natur wahrnehmen, schließt die Augen und lässt sich auf ein kleines Fühl-, Tast- und Riech-Abenteuer ein. Wie duften Melisse, Lavendel und Nelken? Welche Blatt- und Blütenformen gibt es? Und kann ich Baumarten anhand ihrer Rindenstruktur auseinanderhalten?

Auf rund 1.600 Quadratmetern gedeihen etwa 600 verschiedene Pflanzenarten – von Duftpflanzen über dornige und stachelige Vertreter bis zu Wildblumen. Die Blumen, Stauden und Gehölze wachsen in Hochbeeten und sind von Holzpalisaden eingefasst. So haben sie die ideale Höhe, um auch von Kindern betastet und beschnuppert zu werden. Die meisten Gewächse sind mit Schildern versehen, sowohl in gedruckter Schrift als auch in der Blindenpunktschrift Braille.

Die Anlage ist so geplant und realisiert worden, dass sich blinde Besucher in diesem Garten ohne fremde Hilfe frei bewegen und orientieren können. An eine überdachte Sitzgruppe, Bänke und einen Mülleimer wurde ebenso gedacht wie an ein Schild, mit dem man sich die Blindenschrift erschließen kann.

TIPP: »Woldes Wiese« befindet sich an der Ecke Raschenkampsweg/Auf dem Hohen Ufer. Dort steht eine neuartige Sport-Box, aus der man sich mit einer kostenlosen App Sportgeräte wie Tischtennisschläger und -bälle, Basket-, Fuß- und Volleybälle, Frisbees und Wikingerschach ausleihen kann (www.city-sportbox.com).

Adresse Ecke Raschenkampsweg/Ulenweg, 28759 Bremen-St. Magnus // **ÖPNV** RS 1, Haltestelle Bahnhof St. Magnus, dann 150 Meter zu Fuß; oder Bus 90, 91, 92, Haltestelle Am Bahnhof St. Magnus und 500 Meter zu Fuß // **Öffnungszeiten** März–Okt. täglich 9–18 Uhr, Infos: www.blindengarten-bremen.de, barrierefrei

5_DIE BLOCKLAND-RUNDE

Eine Landpartie auf Rädern

Bremer lieben es, Fahrrad zu fahren, bevorzugt weit weg vom lauten Stadtverkehr. Eine familienfreundliche, größtenteils autofreie Radtour und ohne Übertreibung eine der landschaftlich schönsten Strecken, die das Radwegenetz in Bremen zu bieten hat, ist die Blockland-Runde. Auf der knapp 26 Kilometer langen Tour merken die Radler, dass es im Blockland mehr Kühe als Einwohner gibt.

Über glatten Asphalt gleiten die Reifen dahin, vorbei an ausgedehntem Marschland, reetgedeckten Fachwerkhäusern und Bauernhöfen. Nebenher windet sich kilometerweit die Wümme. Fast zu idyllisch, um wahr zu sein, denn an den Wochenenden sind im Blockland zahlreiche Ausflügler unterwegs. Mit dem Rad, zu Fuß oder auf Inline-Skates steuern sie die beliebtesten Lokalitäten an. Zu ihnen gehört der Hof Kaemena (Niederblockland 6), wo Kinder »Snuten Lekker«-Eis in Bioqualität schlecken, Kühe besuchen und auf dem hofeigenen Spielplatz herumtollen können. Wenn das Hof-Café geschlossen hat, gibt es ein »Snutie«, das Bio-Eis am Stiel, zur Selbstbedienung am Hofautomaten.

Bei einer Rast auf dem ökologisch betriebenen Hof Bavendamm (Waller Straße 300) stärken sich die Radler mit hausgemachtem Kuchen, bevor die letzte Etappe der Blockland-Runde in Angriff genommen wird. Zur Not lässt sich die gesamte Strecke auch abkürzen: Zwischen April und Oktober schippern die Fähren am Gasthaus »Wümmeblick« und »Zur Schleuse« Ausflügler über die Wümme.

Adresse Start- und Endpunkt am Hauptbahnhof Bremen, Bahnhofsplatz 15, 28195 Bremen-Bahnhofsvorstadt, Touren-Infos unter www.bremen.de (Suche: Blockland-Runde) oder die kostenlose »Bike Citizens App« herunterladen, Tour »Bike it! - Kuh, Knipp und Kult« auswählen // **ÖPNV** Linie 1, 4, 5, 6, 8, 10 oder Bus 24, 25, 26, 27, 63, Haltestelle Bremen Hauptbahnhof

TIPP: Jedes Jahr im Juni lädt der Heimatverein Blockland zum »Blocklander Kinderfest« ein. Sämtliche Attraktionen sind für die Kinder kostenlos. Rund um Trecker und Oldtimer dreht sich alles bei der Blockland-Partie im September mit vielen Überraschungen für die Lütten (www.blockland.de).

6_DIE BONBON-WERKSTATT

Für Lolli-Schlecker und Zuckerbäcker

»Polkagris«, die rot-weiße Zuckerstange, hat Sabine Marquardt im Schwedenurlaub mit der Familie für sich entdeckt. So kam es, dass sie in Gränna das Zuckerbäcker-Handwerk erlernte und, zusammen mit einer antiken Bonbonpresse aus Dänemark, nach Bremen brachte. Im Jahr 2009 eröffnete sie die Bremer Bonbon Manufaktur in der Böttcherstraße, 2017 folgte die bunte Bonbon-Werkstatt im Schnoor.

Der Blick in die Fenster ist so verlockend, dass man gar nicht anders kann … Beim Öffnen der Ladentür umhüllt die Besucher der himmlische Duft von Zuckerwerk. In den Regalen reihen sich Schraub- und Weck-Gläser in verschiedenen Größen mit allen erdenklichen Bonbon-Sorten aneinander, die von fruchtig bis würzig sämtliche Geschmacksrichtungen abdecken. Die Gläser zieren Etiketten mit verheißungsvollen Namen wie »Regenbogenbonbons«, »Schoko Minza« oder »Rote Grütze«. Von der Wand baumeln Lollis, die so riesig sind, dass man Wochen braucht, um sie zu vernaschen.

In der bunten Bonbon-Werkstatt darf nicht nur zugeschaut und probiert, sondern an den Wochenenden auch selbst Hand an die Zuckermasse gelegt werden: In einem Workshop vermitteln Profis die Geheimnisse des Bonbonkochens. Die Teilnehmenden lernen, wie der glänzend-geschmeidige Bonbonteig hergestellt wird und wie daraus die kissenförmigen Bonbons gestanzt werden. Am Ende dürfen alle ihre süßen Kreationen mit nach Hause nehmen – zum Selberlutschen oder andere Beglücken.

TIPP: Wo wir gerade gedanklich in Schweden sind – im Lagom (Lange Wieren 12) wandern nordische Spezialitäten auf den Teller, darunter hausgemachte Zimtschnecken (geöffnet: Mo–Fr 12–18 Uhr, Sa, So 10–19 Uhr, www.lagom-bremen.com).

Adresse Bremer Bonbon-Werkstatt, Marterburg 30, 28195 Bremen-Schnoor; Bremer Bonbon Manufaktur, Böttcherstraße 8, 28195 Bremen-Altstadt // **ÖPNV** Linie 2, 3, 4, 6, 8 oder Bus 24, 25, Haltestelle Domsheide // **Öffnungszeiten** Bonbon-Werkstatt: Do–Di 11–17 Uhr; Bonbon Manufaktur: Mo–So 11–18 Uhr, Infos auf www.bremer-bonbon-manufaktur.de // Bonbon-Workshop ab 8 Jahre

7_DIE BORGFELDER WÜMMEWIESEN

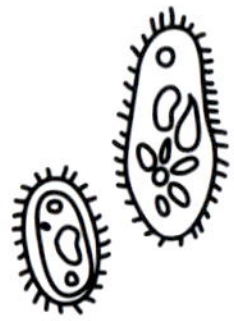

Mit dem Wümme-Rucksack auf Entdeckertour

Gummistiefel, wetterfeste Kleidung, Proviant und den Wümme-Rucksack der Stiftung NordWest Natur: Mehr braucht es nicht für einen Ausflug ins Naturschutzgebiet Borgfelder Wümmewiesen am Stadtrand von Bremen. Den Wümme-Rucksack können Familien kostenlos bei der Stiftung (Am Dobben 44) für zwei Werktage oder über ein Wochenende reservieren und ausleihen.

Im Gepäck steckt die Grundausstattung für kleine und große Entdecker: ein Forscherheft mit QR-Codes, Spielideen, Suchaufgaben, Beobachtungsbögen, Infos über die Wümmewiesen und seine Bewohner; ein Fernglas, eine Becherlupe, eine Plastikwanne sowie ein ausziehbarer Kescher. Außerdem enthält der Rucksack eine Packung Buntstifte, einen Müllsack und ein Erste-Hilfe-Set.

Normalerweise ist das Keschern im Naturschutzgebiet nicht gestattet. Wer jedoch den Wümme-Rucksack dabei hat, darf in den wegenahen Gräben vorsichtig mit dem Kescher auf Safari gehen. Von (Wasser-)Assel bis Zuckmückenlarve reicht die lange Liste der Lebewesen, die ins Netz gehen könnten.

In der mit Wasser gefüllten Wanne kann man die gefangenen Tierchen zwischenparken, bevor man sie unter die Becherlupe nimmt, mit Hilfe des Forscherheftes bestimmt und am Ende wieder freilässt. Auf den Notizseiten lassen sich die Funde gut dokumentieren. Es gibt auch geführte Exkursionen zu bestimmten Terminen. Einfach mal bei der Stiftung anfragen.

Adresse Lage des Naturschutzgebietes: Am Großen Moordamm 20, 28357 Bremen-Borgfeld, Infos unter www.nordwest-natur.de, Wümme-Rucksack-Reservierung unter Tel. 0421/71006 oder per E-Mail an info@nordwest-natur.de // **ÖPNV** Linie 4, Haltestelle Daniel-Jacobs-Allee, von dort circa 1,5 Kilometer durch den Borgfelder Ortskern

TIPP: Vom Beobachtungsturm am Hollerdeich (Am Hollerdeich 47) aus hat man einen weitreichenden Blick auf die umliegenden Felder und Wiesen. Hier kommt das Fernglas zum Einsatz!

8_DIE BREMER SPIELE-TAGE

Spiel-Spaß für alle

Spiele-Fans juckt es schon tüchtig in den Fingern. Groß ist die Vorfreude, wenn nach langer Pause die Bremer Spiele-Tage Anfang März endlich wieder stattfinden. Das laut Veranstalter »wohl größte Spiele-Event im Norden« in den Räumen der Bremer Volkshochschule bietet an zwei Tagen die Möglichkeit, auf mehreren Etagen mehr als 1.000 Spiele auszuprobieren.

Mit dabei sind beliebte Klassiker wie »Die Siedler von Catan« oder »Monopoly«, aber auch unbekannte Spiele von kleinen Verlagen und Neuerscheinungen: Kinderspiele, Erwachsenenspiele, Kartenspiele, Brettspiele, Strategiespiele, Bewegungsspiele, Großspiele, Rollenspiele – eben alles, was das Spielerherz höherschlagen lässt.

Wer nicht gern lange Anleitungen liest, lässt sich von Experten in Kürze die wichtigsten Regeln erklären und spielt einfach drauflos. Mit den Regeln des Spiels auskennen sollte man sich indes, wenn man sich für ein Spiele-Turnier anmeldet – auch wenn Anfänger durchaus gute Chancen haben. Zu gewinnen gibt es Sachpreise oder sogar einen Startplatz für das Finale einer deutschen Meisterschaft.

Bremer Spieleentwickler lassen sich die Gelegenheit nicht entgehen, während der Bremer Spiele-Tage ihre Neuentwicklungen zu präsentieren und stellen ihre Prototypen zum Testen zur Verfügung. Um die eigene Familien-Spielesammlung zu erweitern, lohnt ein Besuch des Spiele-Flohmarkts.

Adresse Bremer vhs im Bamberger Haus, Faulenstraße 69, 28195 Bremen-Stephaniviertel // **ÖPNV** Linie 2, 3 oder Bus 25, Haltestelle Radio Bremen // **Öffnungszeiten** www.bremerspieletage.de, offene Spiele-Treffs unter www.vhs-bremen.de (Suche: Spiele-Treff)

TIPP: Im internationalen Theater 11 an der Faulenstraße 44–46 stehen Kinder und Erwachsene gemeinsam auf der Bühne (aktueller Spielplan unter www.theater11.de).

9_DIE BÜCHERKAMMER

Lesen, spenden, freuen!

Sie ist nur wenige Quadratmeter groß, aber ein Schatz im Stadtteil- und Familienzentrum der Neustadt: die Bücherkammer. Ein Ort, an dem Familien ein niedrigschwelliger Zugang zu Büchern ermöglicht wird. Bis zu 500 Stück, die dem SOS-Kinderdorf-Zentrum (KiDoZ) gespendet werden, gibt es zur Auswahl. Wer Bedarf hat, kommt einfach während der Öffnungszeiten der Einrichtung vorbei.

Nicht nur für Kinder im Alter von null bis zwölf Jahren steht Lesestoff bereit, Jugendliche und Erwachsene werden ebenso fündig – in den oberen Regalen. Die Kleinsten machen es sich in der Lesehöhle bequem. Sind dann alle ausgesuchten Bücher beisammen, spenden die Familien dafür, was der Geldbeutel zulässt.

Das Spenden an sich ist schon ein kleines Highlight: Die Münzen rollen durch eine eigens für diesen Zweck geschreinerte Bahn und landen in den Sortiermulden. So macht Gutes tun doppelt Spaß, denn das Geld fließt in die vielfältigen pädagogischen Angebote des KiDoZ.

Anschließend schauen Besucher gerne im Secondhand-Laden »Klamöttchen« vorbei oder treffen sich zum Plausch im Familiencafé mit Spielecke. Dort gibt es Frühstück ab 9, Mittagessen ab 11.30 Uhr sowie Kuchen und Snacks ab 13.30 Uhr. Sachspenden – auch für die Bücherkammer – können während der Öffnungszeiten im Familiencafé abgegeben werden. Einmal im Monat lädt das KiDoZ-Team zum Familiensonntag ein.

TIPP: Für Fußballbegeisterte von 10 bis 14 Jahren steht jeden Mittwoch von 15 bis 16.30 Uhr ein freies Training mit Trainern des SV Werder Bremen auf dem Programm. Gekickt wird auf dem Bolzplatz der Schule am Leibnizplatz. Bei schlechtem Wetter geht es in die Sporthalle. In den Ferien findet kein Training statt.

Adresse Bücherkammer im SOS-Kinderdorf-Zentrum, Friedrich-Ebert-Straße 101, 28199 Bremen-Neustadt // **ÖPNV** Linie 4 und 6, Haltestelle Theater am Leibnizplatz // **Öffnungszeiten** Mo–Fr 9–18 Uhr, Infos zu sämtlichen Angeboten und Veranstaltungen unter www.sos-kinderdorf-bremen.de

10_DIE BURG BLOMENDAL

Von Rittern, Knappen und Burgfräulein

Burgen vermutet man gemeinhin auf einem Berg. So ist es ein Wunder und ein Segen zugleich, dass ausgerechnet in Bremen eine steht. Die Burg Blomendal ist die einzige noch erhaltene Burg der Hansestadt und liegt in Bremen-Nord im Stadtteil Blumenthal. Umarmt wird sie von den Flüsschen Beckedorfer Beeke und Blumenthaler Aue. Im Jahre 1354 von Raubrittern erbaut, wurde die ehemalige Wasserburg später von Ratsherren und Bürgermeistern als Wohnsitz genutzt und mehrmals umgebaut. Dabei kam unter einer Hochdecke eine kunstvoll bemalte Holzdecke zum Vorschein, welche die sieben Tugenden abbildet.

Fällt der Besuch von Burg Blomendal auf einen Donnerstag, ist in der Zeit von 15 bis 17 Uhr das Burg- und Stadtteilmuseum geöffnet. Auch zu öffentlichen Veranstaltungen steht das Museum offen. An jedem Tag lässt sich die Burganlage von außen erkunden, oder virtuell mit dem Smartphone. Dafür die kostenlose App »Adventure Lab« herunterladen, und das Mini-Abenteuer beginnt. Ein paar knifflige Aufgaben warten darauf, gelöst zu werden! Die kleine Rätselrunde endet mit der Suche nach einem klassischen Geocache.

TIPP: Im verwunschenen Wätjens Park mit Brunnen, Schloss und altem Baumbestand kann man wunderbar mit dem Nachwuchs spazieren gehen und Geocaches aufspüren.

Im Kalender vormerken sollten sich Familien das dritte Adventswochenende, wenn der Trägerverein Burg Blomendal den Burgfrieden zelebriert. An zwei Tagen erwartet die Besucher altes und neues Handwerk, mittelalterliches Treiben, Musik, Schlemmereien und ritterliche Spiele für Kinder. Im Hoyersaal können die Kleinen zum Beispiel malen, basteln und Geschichten lauschen.

Adresse Auestraße 9A, 28779 Bremen-Blumenthal // **ÖPNV** RS 1 oder Buslinien 90–96, Haltestelle Bahnhof Blumenthal // **Öffnungszeiten** von außen jederzeit zu besichtigen, mehr Infos unter www.burgblomendal.de

11_ENDLICH FREITAG!

Spontan vorbeikommen und Spaß haben

Juchhu! Endlich Freitag, die Schule ist aus! Und was jetzt? Die Zentralbibliothek hat da ein Angebot, das Kinder nicht ablehnen können. Passenderweise trägt es den Namen »Endlich Freitag!« und verspricht einen unterhaltsamen Start ins Wochenende mit wechselnden Aktionen und Workshops. Das Ganze ist kostenlos und findet in der Kinderbibliothek im 3. OG statt – wo Bibliotheksrabe »Kessi« die Kleinen begrüßt, sobald sie aus dem Fahrstuhl steigen.

Bei der Küchenschlacht zum Beispiel wird geschnippelt, geschält und genascht. Interessant, was man ohne Herd so alles zubereiten kann – angefangen bei erfrischenden Limonaden über selbst gemachte Eiscreme bis hin zu mexikanischen Wraps oder vietnamesischen Sommerrollen.

In der Kreativwerkstatt stehen Basteln, Malen und Kleben auf dem Programm. Dabei herausgekommen sind in der Vergangenheit schon so schöne Dinge wie Glücksbringer, Fensterbilder, Brettspiele oder kleine Zuckertüten für ABC-Schützen.

Die Kinder können aber auch, je nach Tagesthema, Gesellschaftsspiele spielen, an der Konsole zocken, rätseln und quizzen, Sammelkarten tauschen, mit dem Mikroskop unter die Forscher gehen, Roboter programmieren, coole Lego-Modelle bauen, sich über ihre Lieblingscomics und -bücher austauschen und vieles, vieles mehr. Eine Anmeldung ist nicht erforderlich – einfach vorbeischauen und mitmachen.

Adresse in der Zentralbibliothek, Am Wall 201, 28195 Bremen-Altstadt // ÖPNV Linie 2, 3, 4, 6, 8 oder Bus 24, 25, Haltestelle Domsheide // Öffnungszeiten »Endlich Freitag!« Fr 15.30–16.30 Uhr, Bibliothek regulär: Mo und Di 10–19 Uhr, Mi 13–19 Uhr, Do 9–19 Uhr, Fr 10–19 Uhr, Sa 10–17 Uhr // »Endlich Freitag!« 8 bis 12 Jahre

TIPP: Auch in den sieben Stadtteil-Bibliotheken wird ein abwechslungsreiches Programm für Kinder und Jugendliche geboten. Um keine Info zu verpassen, den Newsletter »Alles Familie« abonnieren – mit Medientipps, Tutorials, Mitmach-Angeboten und aktuellen Terminen (www.stabi-hb.de).

12_DER FALLTURM BREMEN

Experimente in der Schwerelosigkeit

»Ist das eine Rakete?«, fragen nicht wenige Kinder, wenn sie den Fallturm zum ersten Mal sehen. Ganz so falsch liegen sie damit nicht, denn Vorbild für den Bau war die Saturn-5-Rakete. Mit dieser flogen in den 60er und 70er Jahren die Apollo-Astronauten zum Mond. Verglichen wird der 146 Meter hohe Turm, der zum Zentrum für angewandte Raumfahrttechnologie und Mikrogravitation (ZARM) an der Uni Bremen gehört, auch gerne mit einem überdimensionalen Bleistift.

Im Innern befindet sich das höchste Labor der Stadt, das weltweit einzigartige Bedingungen für Forschung in der Schwerelosigkeit bietet. Wissenschaftsteams aus aller Welt können dort Experimente in einem Millionstel der normalen Erdanziehungskraft durchführen. Inzwischen hat der Fallturm einen Bruder bekommen, den 16 Meter hohen »GraviTower Bremen Prototype«, der zwar wesentlich kleiner, aber leistungsfähiger ist. Dort sind bis zu 960 Experimente täglich möglich.

In die Fallturm-Spitze darf man im Rahmen einer Fallturmführung leider nicht, dafür gibt es die Möglichkeit, hinter die Kulissen zu blicken. Das ist nicht nur für Erwachsene, sondern auch für Kinder ab etwa zwölf Jahren spannend. Sie erfahren, wie der Fallturm funktioniert, und dürfen das Prinzip des freien Falls anhand von kleinen Handexperimenten austesten. Mit etwas Glück kann man in der Zeit zwischen zwei Experimenten in die Fallröhre gucken und sich das Abbremssystem anschauen. Als Highlight zum Schluss werfen die Gäste einen Blick auf den Prototypen einer Mond- und Marsstation.

TIPP: Für junge Forscher zwischen 10 und 16 Jahren gibt es in Bremen tolle kostenlose Angebote im MINT-Bereich. Das Cluster »meerMINT« der Uni Bremen betreut »Docks« in der Vahr, Gröpelingen und Grohn. Das Portfolio reicht von Programmieren über 3D-Druck bis hin zu Umweltthemen (www.meermint.de).

Adresse Am Fallturm 2, 28359 Bremen-Lehe // **ÖPNV** Linie 6 oder Bus 21, 28, Haltestelle Universität-Nord // **Öffnungszeiten** von außen immer zu besichtigen; offene Führungen (Dauer circa 75 bis 90 Minuten) ein Sa im Monat, aktuelle Termine und Buchung unter www.zarm.uni-bremen.de // ab 12 Jahre

13_FAMILIENBOULDERN

Wo Kinder die Wände hochgehen

Die meisten Kinder lieben es, zu klettern. Dabei lassen sie die Erwachsenen in Sachen Geschick und Geschwindigkeit oft ganz schön alt aussehen. Ein Ort, wo alle ihrem Kletter-Bedürfnis nachgehen können, selbst wenn es Bindfäden regnet, ist die Boulder Base im Tabakquartier mit einer Boulderwandfläche von mehr als 2.000 Quadratmetern.

Im 600 Quadratmeter großen Familienbereich gibt es Routen, die speziell für kleine Hände und Füße geschraubt sind. Kinder und Eltern müssen keine Angst vor Stürzen haben: Beim Bouldern arbeitet sich der Nachwuchs an den Griffen maximal 4,50 Meter nach oben. Auf dem Boden liegen dicke Matten, auf die man weich fällt, wenn die Kräfte nachlassen.

Der Hit ist das bekletterbare U-Boot mit integrierter Rutsche. Für die Kleinsten stehen Bobbycars bereit, mit denen sie in angemessener Entfernung zu den Boulderern herumbutschern können. Ein Wickelbereich ist vorhanden, außerdem Sitzmöbel zum Relaxen. Ein Snack und ein Getränk in einer Sportflasche dürfen mitgebracht werden, die gibt es aber auch vor Ort zu kaufen.

Wer zum ersten Mal bouldert, muss sich nicht extra anmelden. Nach einer Einführung in die Boulder- und Sicherheitsregeln geht es direkt los. Ratsam sind bequeme Sportkleidung und Hallenturnschuhe, man kann sich aber auch Kletterschuhe ausleihen. Regelmäßig gehen die »Boulderkids« im Alter von fünf bis sieben in festen Gruppen die Wände hoch. Kindergeburtstage werden sowohl im Tabakquartier als auch am zweiten Boulder Base-Standort in Walle (Hohweg 5) ausgerichtet.

Adresse Boulder Base, Am Tabakquartier 14, 28197 Bremen-Woltmershausen // ÖPNV Bus 24, Haltestelle Huder Straße // Öffnungszeiten Mo 13–22 Uhr, Di–Fr 10–22 Uhr, Sa, So und an Feiertagen 10–21 Uhr, mehr Infos unter www.boulderbasebremen.de // ab 5 Jahre

TIPP: Wie wäre es beim nächsten Kindergeburtstag mit einem kreativen Workshop? Das Team von Barbarella Events im Tabakquartier (Hermann-Ritter-Straße 108) bietet verschiedene Aktivitäten an, zum Beispiel Töpfern, Keramik bemalen oder Makramee-Armbänder knüpfen (www.barbarella-events.de).

14_ FINAL ESCAPE

Wenn die Uhr immer lauter tickt

Die Tür des Escape Rooms fällt ins Schloss, das Adrenalin pumpt durch den Körper. Jetzt ist es wichtig, einen kühlen Kopf zu bewahren. Nur so lassen sich innerhalb von 60 Minuten mit Familie oder Freunden herausfordernde Rätsel lösen, um an den »Schlüssel« zu gelangen. Diesem Phänomen, das von Japan aus die Welt erobert hat, haben sich in Bremen mehrere Anbieter verschrieben; einer davon ist »Final Escape«.

Mindestens zu zweit, besser noch zu viert oder sechst suchen sich die Teams ein Szenario aus und stürzen sich ins Abenteuer – nicht ohne vorher brav Handy, Taschenlampe und ähnliche Hilfsmittel abzugeben. Die Schwierigkeitsgrade schwanken zwischen mittel und schwer, wobei einige Games schon von Kindern ab zehn Jahren (mit elterlicher Begleitung) spielbar sind. Allein dürfen sie ab 14 oder 16 Jahren starten – je nach Nervenkitzel. Ist die Gruppe einmal auf dem völlig falschen Dampfer, gibt die Spielleitung, die das Geschehen am Monitor verfolgt, dezente Hinweise als Charakter des Szenarios.

Der Escape Room »Schatz der Piraten« ist bei Kindern der Hit. In diesem Spiel schlüpfen sie in die Rollen von Piraten, die ihren Captain während einer Meuterei aus der Kajüte befreien müssen. Als Lohn für die Mühen verspricht er ihnen einen goldenen Kompass. Der größte Raum ist »Magische Fabelwesen«, in welchem die Gruppe bis zu 90 Minuten lang in eine Welt voller Magie und Zauberei eintaucht. Welcher Raum es auch wird: Das Szenario, das am meisten anspricht, sorgt für den größten Spielspaß.

TIPP: So ein Abenteuer macht hungrig! Entlang der Hankenstraße ist die Auswahl groß: griechische, vietnamesische, westafrikanische, chinesische, japanische Küche … Hier dürfte jeder satt werden. Im »Nanking« werden zum Beispiel hausgemachte Nudeln serviert.

Adresse Faulenstraße 12, 28195 Bremen-Altstadt // **ÖPNV** Linie 2, 3 oder Bus 25, Haltestelle Radio Bremen/ Volkshochschule; Linie 1 oder Bus 26, 27, 63, Haltestelle Am Brill // **Öffnungszeiten** Terminbuchungen online unter www.final-escape.com // ab 10 Jahre (nur mit Begleitung)

15_DER FINDORFFMARKT

Kinder, heute ist Wochenmarkt!

Für viele Bremer Familien beginnt der Samstag mit einem genussvollen Einkauf auf dem Wochenmarkt. Der größte und vielleicht auch schönste der Stadt ist der Findorffmarkt am Torfhafen, der im Jahr 1948 erstmals seine Stände öffnete. Ein Besuch auf dem Markt ist ein Fest für die Sinne: Farben, Düfte, Geräusche – dazu eine herzliche, geradezu familiäre Atmosphäre. Rasch kommt man mit den Händlern ins Gespräch. Die meisten verkaufen seit Generationen ihre frische, saisonale Ware auf dem Markt, haben als Kind ihre Eltern oder Großeltern dorthin begleitet. Sie freuen sich über Kinderfragen, erklären bereitwillig den Weg ihrer Produkte von der Saat bis zur Ernte. Die Vielfalt der Angebote ist groß: Blumen, Honig, Eier, Fisch, Fleisch, Obst, Gemüse, Käse, Nudeln, Kräutertöpfe, Gewürze, Backwaren, Käse und Wurstspezialitäten – um nur einige zu nennen.

Was die Kinder daheim mit ihrem Kaufmannsladen spielerisch üben, wenden sie auf dem Wochenmarkt in der Praxis an: Wie wäre es mit einem Obstsalat? Zuerst überlegen, welche Früchte hinein sollen, diese am Obststand aussuchen, eventuell ein bisschen naschen und zum Schluss ganz allein bezahlen. Das stärkt das Selbstbewusstsein und vermittelt ein besseres Verständnis für Zahlen und Mengen. Die Großen stehen erstaunt daneben, wenn die Kleinen über sich hinauswachsen.

TIPP: Einkaufen auf dem Wochenmarkt macht Lust aufs Kochen. Da kommen die Kinder-Kochkurse des DHB-Netzwerks Haushalt wie gerufen: Der »Kinderkochclub« richtet sich an junge Gourmets zwischen sechs und zwölf Jahren. Alternativ gibt es Kochkurse mit Erwachsenen (www.dhb-bremen-niedersachsen.de).

Adresse Neukirchstraße 45, 28215 Bremen-Weidedamm // **ÖPNV** Bus 26, 27, Haltestelle Eickedorfer Straße // **Öffnungszeiten** Di, Do 8–13 Uhr, Sa 8–14 Uhr, alle Wochenmärkte auf www.grossmarkt-bremen.de

16_DIE FLUGHAFEN-FEUERWEHR

Spritzendes Wasser und brennende Fragen

Bei der Kinderführung am Bremen Airport warten die Gäste gespannt auf einen ganz bestimmten Programmpunkt: die Flughafenfeuerwehr. Wenn das große Tor aufgeht und der 1.400 PS starke »Panther« herausrollt, geht ein Raunen durch die Gruppe. Das 52 Tonnen schwere Fahrzeug zeigt in den nächsten Minuten eindrucksvoll, was in ihm steckt – und das sind unter anderem unglaubliche 12.500 Liter Wasser!

Wie weit und in welche Richtungen das Löschfahrzeug dieses spritzen kann, demonstrieren die Feuerwehrleute während einer exklusiven Vorführung. Anschließend dürfen die Kinder einen neugierigen Blick ins Innere des Fahrzeugs werfen und den Firefightern ihre brennenden Fragen stellen. Allein schon diese Begegnung werden die Kleinen so schnell sicher nicht vergessen.

Was bei einer Tour über das Areal des Flughafens, inklusive Sicherheitskontrolle an Tor 1, auf keinen Fall ausgespart werden darf, sind die Flugzeuge. Die haben ihre festen Flugpläne, und der Guide weiß genau, wann welcher Flieger abhebt oder landet. Mit dem Bus steuert die Gruppe die Punkte an, von denen aus eine gefahrlose und gute Beobachtung der Flugzeuge möglich ist. Wie die Technik funktionierte, als die Luftfahrt in ihren Anfängen war, erfahren die Gäste in der Bremenhalle. Dort steht das Flugzeug, das 1928 den ersten Flug von Europa nach Nordamerika bewältigte. Nach der Führung ist bestimmt noch Zeit, um sich in der BRE-Entdeckerwelt im 2. OG umzuschauen und auf die Besucherterrasse zu gehen.

Adresse Bremen Airport, Flughafenallee 20, 28199 Bremen-Neuenland // ÖPNV Linie 6 oder Bus 52, Haltestelle Flughafen // Öffnungszeiten Kinderführung an jedem 2. Sa im Monat 9.45 Uhr, Infos und Anmeldung unter www.bremen-airport.com (Erlebnis Flughafen) // ab 5 Jahre

TIPP: Nach so viel Action und Input ist ein Päuschen im kleinen Park am Flughafen mit Wasserbecken (im Sommer inklusive Springbrunnen) erholsam. Vielleicht liegt das Modell der »Ariane 5« (von außen zu sehen an der Cornelius-Edzard-Straße) auf dem Heimweg.

17_DIE FLUTSCHE IM CINEMAXX

Ganz großes Kino!

Mit der Familie einen Film auf der großen Leinwand zu schauen ist für Kinder ein spannendes und schönes Erlebnis. Wenn nur das lange Sitzen nicht wäre… Nach dem Film ist der Bewegungsdrang groß – und genau dafür gibt es im Cinemaxx Bremen ein geniales Konzept, welches glücklicherweise von den jüngsten Umbaumaßnahmen verschont geblieben ist: Die »Flutsche« ist für Kinder ganz großes Kino!

Hinter dem Namen verbirgt sich eine 42 Meter lange Edelstahlrutsche, auf der sie über mehrere Etagen in einem Affenzahn durch das gesamte Cinemaxx-Foyer in die Tiefe sausen können. Als die »Flutsche« eröffnet wurde, war sie den Betreibern zufolge die größte Indoor-Tunnelrutsche Deutschlands und mit einer Gesamthöhe von 18,5 Metern zugleich die größte Rutschbahn der Cinemaxx-Gruppe.

Am Einstieg der »Flutsche« ist eine Ampel angebracht, die grünes Licht gibt, wenn die Bahn frei ist. Um nach der Sause durch die spiralförmige Röhre sockfuß wieder nach oben zu gelangen, nehmen Sportliche die Treppen. Beliebt ist aber auch der gläserne Aufzug, der die Rutschbegeisterten in wenigen Sekunden wieder nach oben bringt, wo der Spaß von Neuem beginnt. Bequeme Sitzecken machen Eltern das Warten angenehmer. Auch sonst hat sich das Cinemaxx auf die Fahnen geschrieben, besonders kinder- und familienfreundlich zu sein. So stehen für die Kleinen zum Beispiel Sitzerhöhungen bereit, die man mit in den Kinosaal nehmen kann. Regelmäßig werden Specials für Kinder, Jugendliche und Familien angeboten.

TIPP: Nach der »Flutsche« braucht der Körper neue Energie. Ganz in der Nähe vom Cinemaxx befindet sich das Restaurant »Edel Weiss« mit Gerichten für Kinder. Das Lokal strahlt bayerische Gastlich- und Gemütlichkeit aus (am besten reservieren: www.edelweiss-bremen.de).

Adresse Breitenweg 27, 28195 Bremen-Bahnhofsvorstadt // **ÖPNV** Linie 1, 4, 5, 6, 8, 10 oder Bus 24, 25, 26, 27, 63, Haltestelle Bremen Hauptbahnhof, von dort links am Übersee-Museum vorbeigehen // **Öffnungszeiten** Mo–Fr 13.45–23.30 Uhr, Sa, So 10.45–23.30 Uhr, mehr Infos: www.cinemaxx.de // ab 4 Jahre

18_DIE FÜLLEREI FINDORFF

Wo Nussmus auf Knopfdruck ins Glas fließt

Unverpackt und somit ohne überflüssige Einwegverpackungen einkaufen – wie geht das eigentlich? Das können Eltern ihren Kindern zum Beispiel bei der Füllerei Findorff anhand von Trockenprodukten ganz praktisch vermitteln. Saubere Boxen, Dosen oder Gläser für den Einkauf werden von zu Hause mitgebracht, um dann im Laden die Lebensmittel aus großen Spendern per Hebeldruck hineinzufüllen. Vorher die Behälter wiegen, damit das Leergewicht notiert und später an der Kasse abgezogen werden kann.

Nudeln, Müsli, Trocken-, Hülsenfrüchte und andere Lebensmittel gehören zum Sortiment, Süßes und Knabbersachen, ebenso Non-Food-Artikel. Statt in die Tüte wandert alles am Ende in den Jutebeutel.

Der Clou für Naschkatzen ist die Nussmusmühle, auf die Inhaberin Nora Osler besonders stolz ist. Die Maschine heißt »Feli« und darf nach einer Einweisung durch das Personal selbst bedient werden. Und so funktioniert die Herstellung der Creme: Aus verschiedenen Nuss-Sorten und Schokostückchen die Favoriten auswählen, abfüllen und abwiegen. Dann kommt »Feli« zum Einsatz: Hierzu alle Zutaten in den Trichter füllen, das Glas unter den Auslauf halten, den Kippschalter drücken und warten. Schon steigt ein himmlischer Duft in die Nase, während das cremige Mus ins Glas fließt. Um die Eigenkreation gleich zu probieren, stehen Teelöffel neben der Nussmusmühle bereit. Mmmhhh, lecker!

TIPP: Der Nachhaltigkeitsgedanke wird auch anderswo in Findorff gelebt, beispielsweise im Freizi Findorff (Neukirchstraße 23A). In der Fahrradwerkstatt machen Kinder und Jugendliche mit Unterstützung ihre Drahtesel wieder flott (geöffnet Do 15–18 Uhr, nicht in den Ferien). Ersatzteile bitte selbst mitbringen.

Adresse Borgfelder Straße 17, 28215 Bremen-Findorff // ÖPNV Bus 26, 27, Haltestelle Eickedorfer Straße // Öffnungszeiten Mo, Di, Fr 10 – 18 Uhr, Do 10 – 19 Uhr, Sa 10 – 14 Uhr, mehr Infos auf www.fuellerei.de

19_DAS HAFENMUSEUM

Exponate zum Anfassen

Welchen Duft haben Kakao oder Kaffee? Wie fühlt sich Baumwolle im Vergleich zu Wolle an? Wie wurden früher die Waren aufs Schiff geladen und wieder »gelöscht«? Von welchem »Hasen« ist da die Rede, und was bitteschön ist unter einem »Nackenschlag« zu verstehen? Das Hafenmuseum ist ein Ort, an dem Kinder aktiv Antworten auf all diese Fragen finden. Anpacken lautet die Devise! So lernen sie, wie anstrengend, aber auch abwechslungsreich der Job des Hafenarbeiters einmal gewesen ist.

An der Kasse ist ein Audioguide für Kinder erhältlich, und es gibt eine Rallye durch das Museum: Wer findet die aus Kaffeesäcken genähten Mäuse? Ist das Rätsel gelöst, wartet am Ende eine süße Belohnung. Auf einer begehbaren Luftaufnahme entdecken Bremen-Kenner so manchen vertrauten Ort. Außerdem können kleine und große Hafenfans via Knopfdruck verschiedene Fahrzeuge in einer Modelllandschaft zum Leben erwecken; einen Gabelstapler fahren lassen, einen Schwimmkran oder eine Containerbrücke steuern.

Das Hafenmuseum veranstaltet regelmäßig buchbare Führungen für Familien und Schulklassen sowie einmal im Jahr einen Familientag. Beim Kindergeburtstag schlüpfen die Gäste in die Rolle von Hafenarbeitern oder lernen Leckereien aus Übersee mit allen Sinnen kennen. Von September bis Februar ist die Mitmach-Sonderausstellung des »kek Kindermuseums« im Hafenmuseum zu sehen.

TIPP: Vom Museum aus sind es nur wenige Schritte bis zum Hafenrummel (www.hafenrummel.de), wo man Jahrmarktspiele der 50er Jahre ausprobieren kann. Auch der Schwarzlichthof (www.schwarzlichthof.de) ist ganz in der Nähe. Minigolf lässt sich dort im Hafenambiente der 20er Jahre erleben.

Adresse Am Speicher XI 1, 28217 Bremen-Überseestadt // **ÖPNV** Bus 26, Haltestelle Überseetor // **Öffnungszeiten** Di–So 11–18 Uhr, www.hafenmuseum-bremen.de, barrierefrei zugänglich // ab 5 Jahre

20_DER HOF KAEMENA

Die Helden vom Erdbeerfeld

Sie sind rot, süß, saftig und gehören zum Sommer genauso dazu wie Eiscreme. Erdbeeren sind ein Hochgenuss, vor allem dann, wenn man sie frisch vom Feld pflücken und ab und zu eine in den Mund stecken darf, so wie auf dem Erdbeer- und Spargelhof Kaemena in Oberneuland. Zum Glück werden nicht die Kinder nach dem Selberpflücken gewogen, sondern nur die vollen Körbe.

Wer kein eigenes Gefäß mitgebracht hat, kann sich vor Ort ein Körbchen kaufen. Möglichst flach sollte das Behältnis sein, damit die empfindlichen Früchte nicht gedrückt werden. Immer den Schildern nach geht es aufs Feld, wo jedem Pflück-Team eine eigene Reihe zugewiesen wird. Stück für Stück arbeiten sich die Selbstpflücker voran, vorsichtig und mit Bedacht, damit sie nur ja keine Erdbeere zertreten.

Befinden sich genügend im Körbchen, wird die Fahne umgesteckt und die Ausbeute zum Kassenhäuschen getragen. Korb auf die Waage, bezahlen und dann schnell nach Hause, denn zu große Hitze mögen Erdbeeren nicht. Den Spielplatz neben dem Feld also besser vor dem Pflücken ansteuern! Dort haben die Kinder Gelegenheit zum Buddeln und Klettern und freuen sich über einen Fuhrpark mit diversen Fahrzeugen. An den Weg zum Erdbeerfeld grenzt ein Blühpfad an. Für Wildbienen und andere Insekten schaffen die Kaemenas mit ihrem Projekt »Kaemena blüht« wertvollen Lebensraum. Nicht zuletzt ist es eben auch den Bienen zu verdanken, dass es jedes Jahr aufs Neue köstliche Erdbeeren zu ernten gibt.

TIPP: Vorsicht, Verwechslungsgefahr! Es gibt auch einen Hof Kaemena im Blockland (Niederblockland 6). Erdbeeren kann man dort nicht pflücken, dafür aber hausgemachtes Bio-Eis schlecken und Kühe gucken (www.kaemena-blockland.de).

Adresse Gustav-Brandes-Weg 19, 28355 Bremen-Oberneuland // **ÖPNV** Bus 33, Haltestelle Oberneulander Heerstraße, von dort etwa 1 Kilometer zu Fuß; Parkplätze sind am Feld vorhanden // **Öffnungszeiten** Saisonbeginn Mitte Juni, Dauer der Erntezeit ist abhängig von Wetter und Ansturm, Mo–Sa 8–19 Uhr, am besten den »Saisonmelder« abonnieren unter www.hof-kaemena.de

21_DIE HÖRFÜHRUNG AM BUNKER

Kinder erzählen die Geschichte des U-Boot-Bunkers

Wie kann man einen Ort, der an Gewalt und Verbrechen der NS-Zeit erinnert, für Kinder zumutbar zugänglich machen? Dieser Frage wurde in einer Kooperation des Denkorts Bunker Valentin mit der Grundschule Farge-Rekum nachgegangen. Ein Jahr lang haben sich Drittklässler unter pädagogischer Anleitung mit der Geschichte des Bunkers auseinandergesetzt, eigene Texte verfasst und eingesprochen.

Das Resultat ist eine Hörführung, die auf einem Rundgang wichtige Stationen und Begriffe erklärt, aber nicht zu sehr in die Tiefe geht und auch nicht alle Bilder zeigt. Denn, so die Macher: Es soll kein Kind erschreckt werden. Der Bunker »Valentin« soll allerdings auch nicht als riesiger Abenteuerspielplatz wahrgenommen werden, sondern als ein Relikt aus dem Zweiten Weltkrieg, das seit 2015 offiziell Denkort ist. Eine riesige Werft, bei deren Errichtung viele Menschen durch Zwangsarbeit ums Leben kamen und in der letztlich niemals ein U-Boot gebaut wurde.

17 von 23 Stationen am, im und um den Bunker herum sind bislang für junge Besucher verständlich aufbereitet worden, weitere befinden sich in Planung. Zu finden ist die Hörführung in der kostenlosen App »Denkort Bunker Valentin«. Am besten laden Eltern sie vor dem Besuch herunter und begeben sich gemeinsam mit ihren Sprösslingen auf den Rundgang. Hinterher können sie sich über das Erlebte austauschen und eventuell offen gebliebene Fragen klären. Startpunkt der Audio-Tour ist das Mahnmal oberhalb des Parkplatzes.

Adresse Rekumer Siel, 28777 Bremen-Rekum // ÖPNV Bus 90, Haltestelle Rekumer Siel // Öffnungszeiten Di–Fr, So Okt.–März 10–16 Uhr, April–Sept. 10–17 Uhr, an Feiertagen geschlossen, mehr Infos: www.denkort-bunker-valentin.de // 8 bis 12 Jahre

TIPP: Im Bunker leben Fledermäuse, die man beim Rundgang mit etwas Glück beobachten kann. Rund um den Bunker führt ein Wanderweg durch die Valentinwildnis. Außerdem gelangt man leicht zur Weserbucht mit Sandstrand und meist niedrigem Wasserstand.

22_JOKES DIE CIRCUSSCHULE

Manege frei für die Stars von morgen

»Jokes die Circusschule« ist ein gutes Beispiel dafür, dass es sich lohnt, an Träumen festzuhalten. Im Mai 2020 konnte nach fast zehn Jahren Vorbereitungszeit im Bildungsquartier Huckelriede der Circusplatz mit dem riesigen Zwei-Mast-Zelt eröffnet werden. Ein großer Moment für den Verein und alle teilnehmenden Kinder und Jugendlichen – endlich hatte der Circus, der 1998 ins Leben gerufen wurde, ein Zuhause gefunden.

Alle Generationen von 4 bis 99 haben die Möglichkeit, den Circus kreativ mitzugestalten, unter professioneller Anleitung Darbietungen einzustudieren und diese einem begeisterten Publikum zu präsentieren – in Shows vor Ort oder auf nationalen und internationalen Festivals. Zwischen Circuswagen und Containern wird emsig geübt, wobei der Spaß nicht zu kurz kommt. Neben sozialpädagogischen Angeboten für Kindergärten und Schulen werden Circus-Kurse für verschiedene Altersstufen sowie offene Treffs zum Ausprobieren und Mitmachen angeboten. Im »Multicircus«, einem kostenlosen Angebot für Kinder und Jugendliche von 8 bis 18 Jahren, lernen die Teilnehmenden Jonglage, Einradfahren, Luftartistik, Balancieren auf dem Drahtseil – kurzum, alles was das Circus-Herz begehrt.

TIPP: Bunt, fröhlich und voller kreativer Einfälle kommt das Internationale Festival der Straßenkünste »La Strada« daher. Zu sehen ist das viertägige Spektakel jedes Jahr im Juni (www.lastrada-bremen.de).

»Jokes« hat sich zum Ziel gesetzt, junge Menschen über Sport, Kunst, Musik und Artistik in ihrer Selbstständigkeits- und Persönlichkeitsentwicklung zu fördern. Jugendliche, die über eine langjährige Circus-Erfahrung verfügen, können sich ehrenamtlich im Verein engagieren.

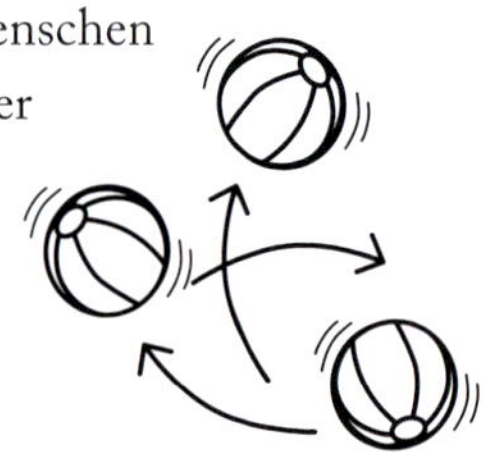

Adresse Kornstraße 315 A, 28201 Bremen-Huckelriede // **ÖPNV** Linie 4, Haltestelle Am Dammacker; Bus 26, 27, Haltestelle Stenumer Straße // **Öffnungszeiten** aktuelle Zeiten, Infos zu Kursen und offenen Angeboten sowie Anmeldung zum Schnuppern unter www.circusjokes.de // ab 4 Jahre

23_DER JUNIORMOTORPARK

Fahrvergnügen mit Lerneffekt

Helm auf, anschnallen, Gas geben! Im »JuniorMotorPark« in Woltmershausen lernen Kinder spielerisch erste Verkehrsregeln kennen und haben dabei einen Riesenspaß. Ab sechs Jahren dürfen sie allein ans Steuer, als Beifahrer mitfahren ist ab vier Jahren möglich. Eine Fahrt dauert immer fünf Minuten.

Wie lang ist mein Bremsweg? Wie schnell springt die Ampel wieder auf Grün? Und was bedeutet dieses Schild, das aussieht wie ein eckiges Spiegelei? Im »JuniorMotorPark« erfährt es der Nachwuchs im wahrsten Sinne und kann seine Führerscheinprüfung in drei Schwierigkeitsstufen absolvieren.

Der Fuhrpark der Betreiberfamilie Oelsner umfasst Mini-Automobile, 4 PS starke Sportwagen und Geländejeeps. Während die Jüngeren auf dem Verkehrsübungsplatz herumkurven, liefern sich Formel-1-Piloten (ab neun Jahren) auf dem Außenring mit 6,5 PS starken Motoren aufregende Rennen auf der 350 Meter langen Strecke. Dann gibt es noch einen Big Jeep, der auch für die Eltern geeignet ist.

Wer Lust auf breite Reifen und Huckelpiste hat, startet ab acht Jahren auf dem Quad-Cross-Parcours durch. Mit Schutzausrüstung geht es über ein naturbelassenes Gelände. Entscheiden sich die Gäste für das All-in-Konzept, sind darin neben fünf Fahrten auch Kickern, Tischtennis, Minigolf und die Benutzung des Trampolins enthalten. Helme sind vor Ort kostenlos ausleihbar oder können mitgebracht werden.

TIPP: Noch mehr PS, Action und rasante Kurven warten bei BB-Kart auf zwei Etagen in der Bremer Überseestadt. Allerdings braucht es hierfür ein Mindestalter von acht, eine Mindestgröße von 1,20 Meter und eine Fahrerregistrierung durch die Eltern (www.bb-kart.de).

Adresse Senator-Apelt-Straße, 28197 Bremen-Woltmershausen (Einfahrt über Wartumer Heerstraße, nach circa 50 Metern rechts in den Uferweg) // **ÖPNV** Bus 63, Haltestelle Wartumer Heerstraße // **Öffnungszeiten** März und April Sa 15–17 Uhr, Mai–Sept. Sa, So 15–18 Uhr, Okt. und Nov. Sa nach Anmeldung 14–16 Uhr, Infos und Preise unter: www.juniormotorpark.de (nur Barzahlung möglich) // ab 4 Jahre

24_DIE KAFFEEBAR »FÜR ELISE«

Frühstück, Waffelglück und Kinderlachen

Kurz vor dem ersten Corona-Lockdown im Jahr 2020 hatte Sükran Özalp die Kaffeebar »Für Elise« in Walle übernommen. Von Anfang an stand für sie fest, dass sie an dem familienfreundlichen Konzept ihrer Vorgängerinnen nichts ändern wollte. Als sie nach der Pandemie endlich durchstartete, stellte sich das als die beste Entscheidung heraus. Nicht nur Menschen aus Walle lieben die Kaffeebar, auch aus anderen Stadtteilen kommen Familien hierher, um in lockerer und gemütlicher Atmosphäre zu frühstücken, Mittag zu essen oder hauseigene Bio-Kaffeespezialitäten und Kuchen zu genießen. Eine große Empfehlung sind die veganen Waffeln mit frischem Obst, Glitzer (!) oder selbst gemachten Saucen.

Gehen die Gäste die Holztreppe nach unten, werden sie vom liebevoll eingerichteten Kinderbereich empfangen. Auf die Kleinen warten Holzspielzeuge, Kinderbücher, Puppen und einiges mehr. Babystühle? Selbstverständlich! Wickeltisch? So platziert, dass Mama oder Papa unproblematisch die Windeln wechseln kann. Das Damen-WC ist zusätzlich mit einer extra Kinder-Toilette ausgestattet. Im oberen Bereich der Kaffeebar nehmen die Kleinen an ihrem eigenen Tisch mit flachen Hockern Platz. Was wollen Eltern mehr?

Sükran Özalp freut sich über den multikulturellen und generationenübergreifenden Treffpunkt, der mit der Kaffeebar »Für Elise« entstanden ist. Fröhliche Babyshower-Partys hat es hier schon gegeben, genauso wie entspannte Häkel- und Strick-Abende.

TIPP: Irgendwie ist er im Hintergrund immer präsent. Und wenn man schon mal in Walle ist, kann man den Fernsehturm auch gleich ansteuern und aus der Nähe bestaunen. Immerhin ist er mit seinen knapp 235 Meter Höhe eines der höchsten Gebäude der Stadt. Nur rauf darf man leider nicht. Schade.

Adresse Wartburgstraße 71, 28217 Bremen-Walle // **ÖPNV** Linie 2, 10, Haltestelle Wartburgstraße // **Öffnungszeiten** Mo 9–18 Uhr, Mi–Sa 9–19 Uhr, So 9–18 Uhr, Instagram @fuer_elise_kaffeebar

25_DAS KANINCHENHAUS

Es hoppelt in Habenhausen

Kaninchen sehen so süß aus mit ihren Schnuppernäschen und flauschigen Ohren. Pflegeleichte Haustiere sind sie aber nicht, weil sie Bewegung und Beschäftigung brauchen. Auf der Kinder- und Jugendfarm bekommen sie genau das – in einem großen Holzhaus mit Rückzugsmöglichkeiten und Außenbereichen zum Buddeln, Hoppeln, Verstecken und Kuscheln.

Die »Meerninchen-Gruppe«, die sich um die Kaninchen und Meerschweinchen kümmert, kommt montags, mittwochs und freitags immer ab 15 Uhr zusammen. Das Angebot steht grundsätzlich allen offen; die Gruppe darf nur nicht zu voll werden, da die Tiere keinen Stress mögen. Leise und mit behutsamen Bewegungen gehen die Kinder auf sie zu, dürfen sie füttern und streicheln. Natürlich wird nicht nur gekuschelt, schließlich stehen rund um die Fellnasen regelmäßige Tätigkeiten auf dem Plan, zu denen unter anderem das Stallsäubern und Krallenschneiden gehören. Wenn die Tiere Ruhe brauchen, wechseln sie ins Außengehege, wo man sie beobachten kann.

Wer daraufhin Lust bekommen hat, sich selbst in hügeligem Gelände zu verstecken und durch Röhren zu kriechen, kann dies in »Hobbingen« tun. Die Farm hat Kindern und Jugendlichen eine ganze Menge zu bieten – vor allem in den Schulferien. Bei Spiel-, Sport-, Natur-, Bastel- und Bauprojekten kommt niemals Langeweile auf. Im Bereich Umweltbildung besuchen Kinder die Bienen, ziehen Kerzen, ernten und pressen Äpfel oder nehmen Biotope wie Erdboden und Tümpel unter die Lupe.

Adresse Kinder- und Jugendfarm Bremen e.V., Ohserstraße 40a, 28279 Bremen-Habenhausen // ÖPNV Bus 26, Haltestelle Piependamm; Bus 22, Haltestelle Borgwardstraße; am besten mit Rad erreichbar // Öffnungszeiten reguläre Farm-Zeiten Di–Fr 10–18 Uhr, mehr Infos unter www.jugendfarm-bremen.de // ab circa 6 Jahre

TIPP: An der Habenhauser Dorfstraße 27–31 liegt das Gartencafé der Paulus-Gemeinde. Für Kuchen und andere Leckereien zahlt man das, was man kann oder mag. Draußen gibt es einen Spielplatz, drinnen Gelegenheit für einen entspannten Plausch (geöffnet: So, Mo, Di 15–18 Uhr).

26_DIE KIBI IM VIERTEL

Schmökerstoff für junge Leseratten

Die Kinder-Etage in der Zentralbibliothek Am Wall ist mit ihrem tollen Angebot von Bilderbuchkino bis »Gedichte für Wichte« sicher vielen bekannt. Nicht ganz so bekannt ist vielleicht, dass es in Bremen auch eine reine Kinder- und Jugendbibliothek gibt. In der »KiBi« im Viertel warten über 11.000 Medien darauf, von Leseratten (bis circa 15 Jahre) ausgeliehen zu werden. Der Bestand wird stetig erweitert und umfasst Bilderbücher, Kinderbücher, Romane, Comics, Sachbücher, CDs und DVDs.

Beim Schmökern vergisst man schnell die Zeit. Der Leihvorgang weckt dann bei so manchem Besucher Erinnerungen an die Zeit, als man sich selbst als kleiner Pöks neuen Lesestoff besorgte. Die Ausleihe funktioniert nämlich noch wunderbar altmodisch: Karte raus, Stempel drauf!

TIPP: Oldenburg hat die »KIBUM«, Bremen hat das Lesefestival »Galaxie der Bücher« für Kinder, das an verschiedenen Orten stattfindet und Lust auf Literatur macht (www.literaturhaus-bremen.de).

Dass es diese tolle Einrichtung gibt, ist dem Engagement von Eltern und Ehrenamtlichen zu verdanken. Ursprünglich wurde sie 1997 gegründet, als die Stadtteilbibliothek im Steintorviertel geschlossen wurde. Die »KiBi« sollte eigentlich eine Übergangslösung sein, bis 2004 die Zentralbibliothek eröffnete.

Doch schon bald war die »KiBi« aus dem Viertel nicht mehr wegzudenken. Somit konnte die ehrenamtlich geführte Kinderbibliothek im Jahr 2022 mit allen kleinen und großen Freunden ihren 25. Geburtstag feiern. In den vergangenen Jahren hat sie mehrfach Preise für ihre beispielhafte Kinder- und Jugendarbeit abgeräumt. Prädikat: äußerst wertvoll!

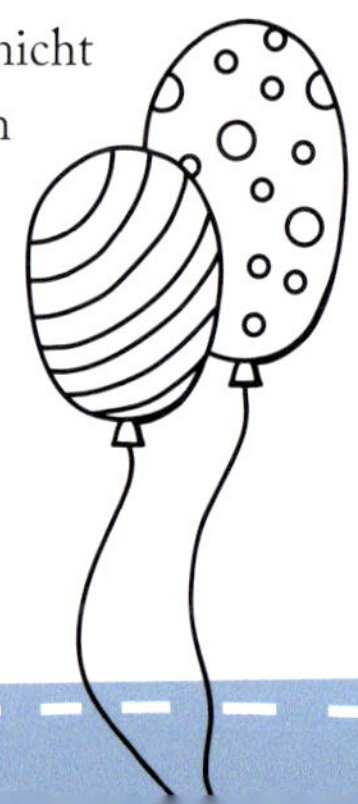

Adresse Horner Straße 1 (im Hof neben dem Kino Schauburg), 28203 Bremen-Steintor // **ÖPNV** Linie 2, 3, 10, Haltestelle Brunnenstraße // **Öffnungszeiten** Mo – Fr 15 – 18 Uhr, Di, Do auch 10 – 13 Uhr, Infos unter www.kibi-bremen.de

27_KIDS & CATS

Kinder lesen Katzen vor

So eigenwillig Katzen sind, eines können sie richtig gut: geduldig zuhören. Und das kommt in Bremen Kindern mit einer Leseschwäche zugute. Im kostenlosen Programm »Kids & Cats« des Bremer Tierschutzvereins lesen Kinder vor, während Taddl, Schrödinger & Co. den Geschichten lauschen. Das Ziel: Ängste auf beiden Seiten abbauen. Denn mitunter haben Kinder Hemmungen, anderen laut vorzulesen.

Im Tierheim gibt es keinen Druck. Die Samtpfoten bewerten die Leistungen nicht, freuen sich aber über die willkommene Abwechslung. Sie laufen herum, sitzen oder liegen einfach nur da und dösen, während die Kinder das Vorlesen üben. Gleichzeitig gewöhnen sich scheue und gestresste Stubentiger schneller an Zweibeiner, sodass sie Streicheleinheiten eher zulassen und genießen können. Nach dem Üben wird noch eine Runde mit der Angel gespielt – das macht Kindern und Katzen gleichermaßen Spaß.

Die Idee für diese besondere Vorlesestunde schwappte unter dem Namen »Book Buddies« aus den USA zu uns herüber. Inzwischen ist durch Studien belegt, dass Kinder, die am Katzenlesen teilnehmen, schneller und besser lesen lernen. Kinder ab acht (mittwochs und donnerstags) und Jugendliche ab zwölf Jahren (dienstags) engagieren sich darüber hinaus nachmittags im Verein aktiv für den Tierschutz. Jedes Jahr vor den Sommerferien wird im Tierheim ein großes Sommerfest gefeiert. Immer am letzten Sonntag im Monat von 10 bis 13 Uhr veranstaltet der Tierschutzverein einen Bücherflohmarkt.

TIPP: In der Nähe des Tierheims liegt der Unisee, an dem der Bremer Windsurfing Club sein Revier hat. Wer hier (unter Aufsicht der Eltern) mitmachen möchte, muss schwimmen können (www.bremerwindsurfing.de).

Adresse Bremer Tierschutzverein, Hemmstraße 491, 28357 Bremen-Findorff // **ÖPNV** Bus 28, Haltestelle Wetterungsweg // **Öffnungszeiten** »Kids & Cats« Mo 16–17 Uhr, Anmeldung unter Tel. 0421/352214 oder per E-Mail an jugend@bremer-tierschutzverein.de erforderlich // ab 6 Jahre

28_DER KIJUKO-CLUB

Action für junge Filmfans

Das Kinder- und Jugendfilmfest KIJUKO im Bremer Kommunalkino CITY 46 wartet jedes Jahr mit exklusiven Filmvorführungen und unvergesslichen Erlebnissen auf. »Doch warum nur einmal im Jahr Festival-Stimmung verbreiten?«, haben sich die Verantwortlichen gedacht und im Frühling 2023 den KIJUKO-Club ins Leben gerufen. Dieser kombiniert zweimal monatlich an ausgewählten Sonntagen tolle Filme mit besonderen Aktionen. Das Programm wird altersgerecht moderiert und ist im Kinoticketpreis inbegriffen.

An den jeweiligen Nachmittagen lernen Kinder und Jugendliche Filmschaffende kennen, blicken hinter die Kino-Kulissen oder werden selbst kreativ. In der Gruppe beschäftigen sie sich im Filmgespräch und beim Basteln und Spielen mit dem Inhalt des gesehenen Films. Einige Highlights waren bislang der Stop-Motion-Film »Oink«, nach dem die Kinder eigene kleine Trickfilme produzierten, die Vorführung von »Neneh Superstar« mit anschließendem Tanzworkshop oder die »Best of KIJUKO-Kurzfilmrolle« mit eingebautem Bewegungsprogramm für die ganze Familie.

Im Herbst öffnet sich der Vorhang für großes Kino, wenn beim nächsten Bremer Kinder- und Jugendfilmfest KIJUKO überwiegend Filme über die Leinwand flimmern, die in Bremen ihre Premiere feiern. Welche Schauspielenden werden diesmal über den Roten Teppich laufen, welche Filme die Kinderjury vor Begeisterung von den Sesseln reißen? Und welche Aktionen sind geplant? Es bleibt spannend!

TIPP: Die Kids (ab zwölf Jahre) sind im Kino auf den Geschmack gekommen und wollen selbst Kurzfilme drehen? Der Verein »Kultur vor Ort« in Gröpelingen lädt jeden Montag von 17 bis 19 Uhr zur kostenlosen Video-Werkstatt ein (www.kultur-vor-ort.com).

Adresse im CITY 46, Birkenstraße 1, 28195 Bremen-Bahnhofsvorstadt, barrierefrei // **ÖPNV** Linie 4, 6, 8 oder Bus 24, 25, Haltestelle Herdentor // **Öffnungszeiten** aktuelles Programm und Ticketreservierung unter www.city46.de (Kinderkino) // ab 4 Jahre

29_KINDER, WALD UND WIESE

Ponykindergarten und Pferdestunden

Tiere und Natur – diese Kombination ist für viele Menschen gleichbedeutend mit Glück, Freiheit und Geborgenheit. Ein Ort, an dem Stadtkinder genau das genießen, ist der Verein »Kinder, Wald und Wiese Bremen e.V.«. In einer circa vier Hektar großen Wildnis treffen sich verschiedene Gruppen, um Zeit mit Pferden, Ziegen, Hühnern und natürlich miteinander zu verbringen. Einmal im Monat stehen Arbeitseinsätze an.

Im Ponykindergarten knüpfen die Jüngsten erste zarte Bande mit Pferden, wobei sie von einem Elternteil und einer fachkundigen Betreuungsperson begleitet werden. Rasch wissen die Kinder, an welchen Stellen Shetlandypony Wusa mit Vorliebe gestreichelt wird, wie sie Reitponywallach Major bürsten und führen und was die Haltung der Ohren über seine Laune verrät. Auf dem Vereinsprogramm stehen unter anderem Spaziergänge, Ponyreiten, Turnen, Bemal- und Putzaktionen oder auch mal eine Schnitzeljagd.

In den Pferdestunden werden der behutsame und spielerische Umgang sowie die Kommunikation mit den Tieren vermittelt. Am Anfang der Stunde holen die Kinder die Pferde zum Putzen von der Weide und entscheiden zusammen über das Tagesprogramm. Bodenarbeit, Führtraining, Freispringen, Putzwettbewerbe, Reitausflüge – möglich ist, was den Teilnehmenden und den Pferden gefällt. Zusätzlich zu Ponykindergarten, Pferdestunden und Jugendgruppe veranstaltet der Verein jedes Jahr einen Tag der offenen Wiese, Ferienprogramme und weitere tolle Aktionen für Kinder und Jugendliche.

TIPP: In der Nähe von »Kinder, Wald und Wiese Bremen e.V.« am Hornstückenweg haben Naturliebhaber einen Barfußpfad und einen Platz der Sinne angelegt. Noch ein Stück weiter dem Weg folgend, gelangt man zum Riensberger Friedhof, auf dem der dickste Baum Bremens wächst: ein Riesenmammutbaum.

Adresse Horner Spitze, Papenkampsweg 115, 28359 Bremen-Horn // **ÖPNV** Linie 6, Haltestelle Riensberg, zu Fuß über den Hornstückenweg in den Papenkampsweg // **Öffnungszeiten** Ponykindergarten (bis 5 Jahre): Di 14.30 – 16 Uhr, Fr 14 – 15.30 Uhr; Pferdestunden (ab 6 Jahre): Mo – Fr 16 – 17.30 und 17.30 – 19 Uhr; Jugendgruppe (ab 12 Jahre): Di 16.30 – 19 Uhr, Schnuppern nach Anmeldung, www.kinderwaldundwiese-bremen.de

30_DER KINDERBAUERNHOF

Farmluft schnuppern zwischen Hochhäusern

Kinder- und Jugendfarmen gibt es einige in Bremen, doch wohl nirgendwo sonst ist der Kontrast zwischen Stadt- und Landleben so deutlich wie in Tenever. Durch Laubbäume schimmert die Silhouette eines Hochhauses hindurch, man hört das Rauschen des Verkehrs. Abgesehen davon erinnert nichts daran, dass man sich in der Stadt befindet. In den einzelnen Gehegen leben verschiedene Schaf- und Ziegenrassen, Hängebauchschweine und Kaninchen. Der Hahn der Farm macht mit lautem »Kikerikiii« auf sich aufmerksam, Hühner und Gänse dösen im Schatten, der Kater schleicht über den Hof, und ganz in der Nähe summen die Bienen.

Familien finden auf dem Kinderbauernhof eine Oase zum Natur erleben, Gestalten und Spielen. Die Kinder helfen bei den Aufgaben, die auf einer Farm so anfallen. Bei den Fütterungen werden die Tiere mit frischem Grün und Gemüse versorgt. Für die große Sandkiste können sich Kinder Schaufeln ausleihen oder mit Fahrzeugen das Gelände unsicher machen. Wippe, Nestschaukel, Tischtennisplatten, Kicker und Rutschturm laden zum Bewegen ein. Hinter der Pforte eines Schuppens verbirgt sich ein herrliches Strohtobeparadies.

Neben Programmen in den Oster-, Sommer- und Herbstferien und Familientagen an ausgewählten Sonntagen bietet das Farm-Team regelmäßige Treffs für ältere Kinder an, etwa für Garten- und DIY-Projekte. Mittwochs erobern ab 18 Uhr Jugendliche den Kinderbauernhof, um Ideen in die Tat umzusetzen oder einfach eine chillige Zeit zu haben.

Adresse Kinderbauernhof Tenever, Am Osterholzer Deich 14, 28325 Bremen-Tenever // ÖPNV Linie 1, Haltestelle Graubündener Straße, von dort circa 13 Minuten Fußweg // Öffnungszeiten Frühling/Sommer Mo–Fr circa 9–18 Uhr, Sa ab 14 Uhr, Herbst/Winter circa 10–17 Uhr, Aktuelles auf www.petriundeichen.de sowie auf den sozialen Kanälen

TIPP: Sportangebote und urbane Jugendkultur wie Hip-Hop, Graffiti und Tanz bündelt das »Hood Training«. Kinder und Jugendliche treffen sich Di, Do und So bei gutem Wetter am 325 Park an der Ludwigshafener Straße 14, bei schlechtem Wetter im Hood Gym Tenever (Trainingszeiten unter www.hoodtraining.de).

31_DAS KINDER-BEWEGUNGSZENTRUM

Spiel, Sport und Spaß bei Bremen 1860

Kinder langfristig für Sport begeistern – das hat sich der Sportverein Bremen 1860 ganz groß auf die Fahnen geschrieben. Mit dem Kinderbewegungszentrum, kurz KBZ, haben die Verantwortlichen in Schwachhausen einen Ort geschaffen, an dem Kinder verschiedener Altersgruppen aus sämtlichen Stadtteilen aktiv werden können. Dieses Angebot nutzen laut KBZ-Leiter Arne Tschorn wöchentlich rund 2.000 Kinder und Erwachsene: Die Jüngsten sporteln mit den Eltern, die etwas Älteren mit anderen Kindern in der Gruppe.

Heiß geliebt werden dabei die großen Rutschen und die Schaukeln mit den extra langen Seilen. Die Landschaft aus Matten, Kästen, Tunneln und Stangen bietet viele Gelegenheiten zum Hüpfen, Springen, Klettern, Balancieren und Verstecken. Ergänzt wird das Sportangebot durch gemeinsames Singen, Tanzen und Spielen.

Das Kinderbewegungszentrum dürfen auch Nicht-Vereinsmitglieder nutzen; die Kleinsten, sobald sie sicher laufen können. Bis zum zehnten Lebensjahr ist das KBZ an Wochenenden von Familien für Kindergeburtstagsfeiern buchbar. Ihren Bewegungsdrang voll ausleben können Kinder im KBZ zudem in den großen Schulferien, wenn der Verein wieder sein umfangreiches Betreuungsangebot auf die Beine stellt, wofür man sich frühzeitig anmelden sollte. Zweimal im Jahr wird die Bewegungslandschaft umgestaltet – so finden kleine und größere Besucher dort immer wieder neue körperliche Herausforderungen.

TIPP: In der Nähe des Vereinsgeländes, Kulenkampffallee 137, befindet sich »Die Spielpiraten«, ein Spielplatz mit einer originellen Seilbahn für schon etwas ältere Kinder.

Adresse Baumschulenweg 6, 28213 Bremen-Schwachhausen // **ÖPNV** Linie 6, Haltestelle Emmastraße, von dort kurzer Fußweg // **Öffnungszeiten** alle Sportangebote mit aktuellen Zeiten und Konditionen gibt es auf der Vereinsseite unter www.bremen1860.de

32_DIE KINDERBREMINALE

Bis gleich am Deich!

Fünf Tage Live-Musik, Kultur und Aktionen für alle, draußen und umsonst – das ist die Breminale. Das Festival, das jährlich im Hochsommer auf den Osterdeichwiesen unter dem Motto »Bis gleich am Deich!« steigt, genießt in Bremen längst Kultstatus. Für Familien hat die Veranstaltung eine Besonderheit: die Kinderbreminale, die sich schwerpunktmäßig im Park hinter der Kunsthalle und in der Nähe des Weser-Fähranlegers abspielt. Simone Bacher zeichnet seit 2018 für die Projektleitung der Kinderbreminale verantwortlich und freut sich jedes Jahr, wenn die Künstler mit ihrem Programm loslegen und die Augen der Lütten leuchten. Dafür bekommt sie von vielen Akteuren Unterstützung. Mit dabei sind zum Beispiel das kek Kindermuseum, der Sportgarten, die Bremer Philharmoniker und das Universum.

In drei Zelten, liebevoll »Zwerge« genannt, werden wechselnde Mitmachaktionen ausgerichtet, darunter malen, basteln, Musikinstrumente bauen, eine Kamishibai-Lesung oder Kinderyoga. Beim »Hämmern an der Waterkant« sind in den vergangenen Jahren eine Krachmacherbude, eine Rakete, Räuberhütte und eine Riesenkrake entstanden.

Wichtig: Wer auf die Kinderbreminale geht, sollte Badekleidung und Handtuch mitnehmen! Das »Mega-Highlight« ist nämlich die Wasserrutsche, auf der man die Altmannshöhe hinunter bis in den Park sausen kann. Und weil ein Festival ohne Musik kein Festival ist, treten auf der Parkbühne Kinder-Bands und Acts auf, die jede Menge gute Laune versprühen – genauso wie die Kinderdisko.

Adresse Osterdeich 1, 28203 Bremen-Ostertor // ÖPNV Linie 2, 3, Haltestelle Theater am Goetheplatz, am besten aber mit dem Fahrrad (zusätzliche Fahrradbügel am Osterdeich) // Öffnungszeiten Programm und Lageplan unter www.breminale-festival.de, Kinderbreminale ist an den Veranstaltungstagen Do, Fr 15–18 Uhr sowie Sa, So 12–18 Uhr, Toiletten befinden sich vor Ort // ab 3 Jahre

TIPP: Das Bürgerhaus Weserterrassen (Osterdeich 70b) lädt an ausgewählten Sonntagen im Jahr von 14.30 bis 17.30 Uhr zum Familiennachmittag ein. Saal und Café werden dann zum gemütlichen Treffpunkt mit Gesellschaftsspielen und Kreativangeboten (www.weserterrassen.com).

33_DER KINDERFLOHMARKT

Auf Schnäppchenjagd unter freiem Himmel

Ursprünglich fand dieser Kinderflohmarkt an der Grundschule Borgfeld statt, doch dann wuchs er so schnell aus den Kinderschuhen heraus, dass ein neuer Standort her musste. Organisiert wird er immer noch mit ganz viel Herzblut von Kerstin Meyer, der Mutter eines ehemaligen Grundschülers. An drei Sonntagen im Jahr (im März, Mai und September) stellt sie auf der Festwiese Jacobswurth neben der Schützengilde den Flohmarkt für Kinderkleidung von Baby- bis Teenager-Größe und Spielzeug auf die Beine.

Davor heißt es: Daumen drücken für trockenes Wetter. Denn regnet es in Strömen, muss das Freiluft-Feilschen leider verschoben werden. Darüber informiert Kerstin Meyer rechtzeitig auf ihrer Facebook-Seite, genauso wie über die aktuell geplanten Termine.

Für die Kleinen lohnt sich ein Besuch in mehrfacher Hinsicht: Sie finden dort nicht nur für den schmalen Taler gut erhaltene Spielsachen, sie dürfen sich auch schminken lassen und auf einer Hüpfburg (wetterbedingt) vergnügen. Für das leibliche Wohl wird an einem großen Kuchenbüfett, bei der Waffelbäckerei und am Würstchengrill gesorgt. Toiletten stehen in der Schützengilde zur Verfügung. Zum Wickeln oder Stillen einfach an der Anmeldung oder in der Cafeteria Bescheid geben, damit der Raum geöffnet werden kann.

Was den Kinderflohmarkt von anderen Märkten noch unterscheidet: Der Organisatorin ist es wichtig, dass nur Familien ihre privaten Schätze zum Verkauf anbieten. Händler oder Gewerbetreibende sind als Verkäufer nicht zugelassen.

TIPP: In der Nähe befindet sich in einem Wohngebiet (Wilhelm-Dunkering-Weg) ein schöner Naturspielplatz mit tollen Spielgeräten und Kletterbäumen.

Adresse Hamfhofsweg 4, 28357 Bremen-Borgfeld // ÖPNV Linie 4, Haltestelle Borgfeld // Öffnungszeiten an ausgewählten Sonntagen, Aufbau der Stände ab 11 Uhr, Verkauf 13 – 17 Uhr, Infos auf der Facebook-Seite »Kinderflohmarkt Borgfeld« oder per E-Mail: kinderflohmarkt-borgfeld@gmx.de

34_DER KINDERSAMSTAG

Was Kunst alles sein kann

Zweimal im Monat, am zweiten und letzten Samstag, wandeln Kinder für jeweils drei Stunden in der Kunsthalle Bremen auf den Spuren von Künstlerinnen und Künstlern wie Paula Modersohn-Becker, Eva Gonzalès, Albrecht Dürer, Claude Monet und Franz Marc. Während die Eltern einkaufen oder sich auf eigenen Wegen dem Kunstgenuss widmen, unternimmt der Nachwuchs eine Kinder-Tour durch die Ausstellungen. Die Reise durch die Kunstgeschichte sieht jedes Mal etwas anders aus, denn die Sammlung ist groß und die Themenvielfalt dank der Sonderausstellungen unerschöpflich. Kinder nehmen Kunst anders wahr als Erwachsene und verblüffen diese oft mit ihren Beobachtungen und Interpretationen.

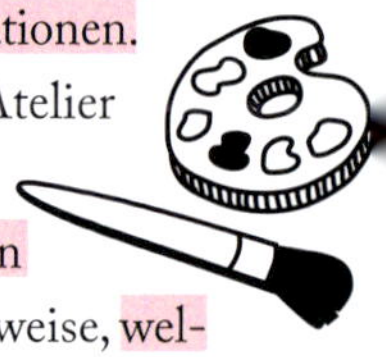

Nach dem Rundgang greifen die jungen Kreativen im Atelier zu Papier und Farben, um unter fachkundiger Anleitung von Kunstwissenschaftlerin Bärbel Schönbohm ihre eigenen Werke zu gestalten. Während sie malen, lernen sie beispielsweise, welche Farben sich besonders mögen, wie ein Bild spannend aufgebaut wird und wie sie ihrer Kunst zu Hause einen würdigen Rahmen geben.

TIPP: Die Kunsthalle Bremen hat gemeinsam mit Kita Bremen einen Kunstspaziergang für Kinder entwickelt. Dafür brauchen die Kinder einen Malblock, Stifte, einen leeren Rahmen, eine Schnur (mindestens 16 Meter lang) und einen Zollstock (Karte und Infos zu den zehn Stationen auf www.kita.bremen.de).

Unter dem Titel »Kekse, Kunst und Limonade« steht der Workshop unter Leitung der Künstlerin und Kunstpädagogin Vanessa Hartmann am Monatsende, bei dem Kunst sowohl genascht als auch erschaffen wird. Ganz frei leben sich die Kinder zu diesem Zweck mit Pastellkreiden, Pinseln, Farben, Bastelleim und anderen Materialien aus. In den Ferien setzen die Samstags-Angebote aus, dafür werden andere Kurse für Kinder angeboten.

Adresse Kunsthalle, Am Wall 207, 28195 Bremen-Mitte // **ÖPNV** Linie 2, 3, 4, 6, 8 oder Bus 24, 25, Haltestelle Domsheide // **Öffnungszeiten** »Der neue Kindersamstag«: 2. Sa im Monat 12–15 Uhr; »Kekse, Kunst und Limonade«: letzter Sa im Monat 12–15 Uhr (außer in den Ferien); reguläre Zeiten: Di 10–21 Uhr, Mi–So 10–17 Uhr, Termine und Anmeldung: www.kunsthalle-bremen.de, barrierefrei // ab 6 Jahre

35_DAS KINDERZIMMER

Schaukeln während Mama stöbert

Baby- und Kinderkleidung immer neu zu kaufen, kann ins Geld gehen. Ratzfatz sind die lieben Kleinen aus der nächsten Größe herausgewachsen. Dabei hat die Hose gestern noch gepasst! Es nützt nichts, Nachschub muss her. Doch mit Kindern einkaufen wird mitunter zur Herausforderung – vor allem, wenn die Windel voll ist, das Baby spontan Hunger bekommt oder sich beim Kind die gefürchtete Langeweile breitmacht.

Den Hilferuf vieler Eltern hat Marion Schmelz vernommen und ihren 2009 gegründeten Laden »Das KinderZimmer« im Laufe der Zeit zu einem Wohlfühlort für Klein und Groß ausgebaut.

In dem rund 150 Quadratmeter großen Secondhand-Laden erkunden Kinder eine phantasievoll eingerichtete Dschungellandschaft mit Schaukeln, Klettergerüst, Rutsche, Krabbeltunnel, Spielküche und Co., während Mama und Papa entspannt stöbern. An eine Café- und Stillecke sowie eine Kundentoilette mit Wickelbereich ist ebenfalls gedacht. Im einstigen Elternhaus des ehemaligen Bremer Bürgermeisters Henning Scherf hat Marion Schmelz eine kleine Begegnungsstätte geschaffen und sich damit, wie sie sagt, einen Traum erfüllt. Ihre Kunden finden bei ihr unter anderem gepflegte Kinderkleidung, Baby- und Kinderzimmermöbel, Spielsachen, Bücher, Umstandsmode sowie Dreiräder und Fahrräder. Für den Ankauf können aussortierte Stücke nach Anmeldung ins »KinderZimmer« gebracht werden.

Adresse Osterstraße 5, 28199 Bremen-Neustadt // ÖPNV Linie 4, 6, Haltestelle Theater am Leibnizplatz // Öffnungszeiten Mo, Di, Do, Fr 10–13 und 15–18 Uhr, Mi, Sa 10–14 Uhr, www.das-kinderzimmer.net

TIPP: Wie wäre es nach dem »KinderZimmer« mit einem Päuschen im Café »Vielleicht« (Osterstraße 79)? Hier gibt es süße und herzhafte vegane Leckereien (www.vielleicht-cafe.de).

36_DAS KLABAUTERBETT

Ab in die Kojen!

Bereit für ein Abenteuer auf dem Wasser? Dann ist eine Übernachtung auf dem »Klabauterbett« eine willkommene Flucht aus dem trubeligen Stadtleben. Die City ist zwar bequem zu Fuß oder mit dem Rad (das man dort ausleihen kann) zu erkunden, doch an Bord der seetüchtigen Schiffsherbergsflotte von Katharina, Benjamin und Sohn Merlin ticken die Uhren einfach anders.

An der Halbinselspitze gegenüber der alten Kellogg's Fabrik haben die drei die »Glückauf« vertäut und mit dem Plattbodenschiff »Ronja«, Motorboot »Johann« und Kajütsegler »Kaja« zu einem schwimmenden Hotel verbunden. Zuvor lag das »Klabauterbett« neun Jahre lang an der »Liefde«, die mittlerweile den Besitzer gewechselt hat. Neue Basis seit Sommer 2023 ist die »Glückauf« mit zwei Ferienwohnungen, einem Aufenthaltsraum, zusätzlichen WCs und Duschen sowie einem Sonnendeck mit Weserblick. Muckelig ist es unter Deck der »Ronja« mit einer Kombüse samt Müsli- und Minibar, Bollerofen und Schmöker-Ecke. Die Kajüten sind klein, aber fein und ebenso platzsparend wie liebevoll eingerichtet. Je nachdem, auf welchem Schiff man in die Koje geht, kann man sich mehr oder weniger in den Schlaf schaukeln lassen. Morgens werden die Gäste von den Möwen begrüßt.

Die »Klabauterfamillie« lebt ganzjährig im hinteren Teil der »Ronja«, zusammen mit Schiffskatze Minka und See-Hund Fiete. Einmal im Jahr nimmt das Schiff Kurs auf die Nordsee, denn auch Hoteliers brauchen ihren wohlverdienten Urlaub.

Adresse Am Hohentorshafen 29a, 28197 Bremen-Hohentorshafen // ÖPNV Linie 24, Haltestelle Bahnhof Neustadt, 100 Meter entgegen der Fahrtrichtung, dann die Treppe hoch, rechts herum der Straße Am Hohentorshafen bis zum Ende folgen // Öffnungszeiten Buchungsanfragen an Benjamin Feth unter Tel. 0172/1834954 oder per E-Mail an ahoi@klabauterbett.de, Infos: www.klabauterbett.de

TIPP: Die Ferien auf dem »Klabauterbett« lassen sich zum Beispiel mit einem Besuch des GOP Varieté-Theaters kombinieren. Am besten nach dem »Kids für Nix«-Angebot für Kinder bis 14 Jahre (empfohlenes Mindestalter 5 Jahre) Ausschau halten (www.variete.de/bremen).

37_DER KLEINE FREIMARKT

Entschleunigen zwischen Riesenrad und Karussell

Bunt, laut und überwiegend rasant geht es im Oktober auf dem großen Freimarkt auf der Bürgerweide zu. Das sorgt bei den Kleinsten mitunter für Reizüberflutung. Familien, die es ruhiger und beschaulicher lieben, finden mit dem kleinen Freimarkt in der Innenstadt eine feine Alternativveranstaltung.

Pssst! Man munkelt, dass manche Eltern ihre Sprösslinge jahrelang in dem Glauben lassen, dass nur dieser eine Freimarkt existiert. Diese Notlüge ist irgendwie nachvollziehbar: Der Ableger des großen Volksfestes ist übersichtlicher, gemütlicher und schont noch dazu den Geldbeutel. Auf Lebkuchenherzen, gebrannte Mandeln und Zuckerwatte muss man dennoch nicht verzichten.

Während der »große Bruder« erst um 13 Uhr erwacht, ist der Kleine längst auf den Beinen. Von den Gondeln des nostalgischen Riesenrades aus lässt sich das Geschehen auf dem Marktplatz beobachten. Mit dem prächtigen historischen Karussell drehen die Kinder allein oder in Begleitung ihre Runden, nicht ohne dabei beseelt in die Menge zu winken. Ein Kettenkarussell für Minis ist ebenfalls am Start.

Der Historische Markt zu Bremen auf dem Liebfrauenkirchhof führt die Besucher auf dem Zeitstrahl noch weiter zurück. Einst gestaltete sich die »fünfte Jahreszeit« nämlich gänzlich anders, befand sie sich doch fest in der Hand von Gauklern, Händlern und Handwerkern. So kann man dort auch heute alte Handwerkskunst bestaunen, Schmuck, Lederwaren, Gewürze und andere Kostbarkeiten erwerben und sich von Sang und Klang ins Mittelalter entführen lassen.

Adresse Am Markt, 28195 Bremen-Altstadt // **ÖPNV** Linie 2, 3, 4, 6, 8 oder Bus 24, 25, Haltestelle Domsheide // **Öffnungszeiten** 17 Tage lang im Oktober, Mo–Sa 10–21 Uhr, So 11–21 Uhr, mehr Infos unter www.freimarkt.de

TIPP: Im Bremer Dom begeben sich Kinder auf die Suche nach der Maus. Eine Führung durch die ehrwürdigen Hallen wurde speziell für Kinder konzipiert. Neu ist die Playmobil-Kinder-Tour im Dom-Museum (geöffnet Mo–Fr 10–16.45 Uhr, Sa 10–13.30 Uhr, So 14–16.45 Uhr, www.dommuseum-bremen.de).

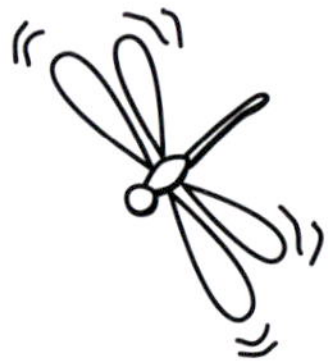

38_DER KOITEICH

Futter bei die Fische!

Pflanzen entdecken, andere Kulturen kennenlernen und Tiere beobachten – all das können Besucher im Naturerlebniszentrum »botanika«. Im Japanischen Garten, wo der Rundgang durch die liebevoll gestalteten asiatischen Landschaften beginnt, kann man einer Tierart ganz nah kommen. Die »Koi«, was aus dem Japanischen übersetzt so viel heißt wie »Karpfen«, sind mit ihrer individuellen Färbung nicht nur wunderschön anzusehen, zweimal täglich dürfen sie auch von den Gästen gefüttert werden.

Jeden Tag um 11.30 und 15 Uhr versammeln sich die Besucher um den Koiteich, um die Tiere unter fachkundiger Anleitung mit dem Futter zu versorgen. Die Fische schnappen sich dieses gekonnt aus der hohlen Hand. Gestreichelt werden sollen die Kois zwar nicht, aber wenn sie mögen, schwimmen sie ganz dicht an die Hände heran. Für Kinder ist dies ein sehr faszinierendes Erlebnis.

Viele Besucher verbinden die »botanika« vielleicht eher mit anderen tierischen Bewohnern: Mehrere hundert Schmetterlinge schweben durch das Tropenhaus, machen Rast an den Blüten oder laben sich an den Futtertischen an Obststückchen. Ihre Verwandlung vom Ei zum Falter lässt sich »live« miterleben. Beos genießen den Freiflug durch das riesige Gewächshaus und »unterhalten« sich gerne mit den Gästen. Im Außenbereich freuen sich Weißhandgibbons über einen Besuch. Die vier Affen Knuppy, Yuna, Wody und Jupp sind Botschafter ihrer stark gefährdeten Art. Wer möchte, kann für die akrobatischen Tiere eine Patenschaft übernehmen.

TIPP: Wenige Affensprünge von der »botanika« entfernt, befindet sich der Abenteuerspielplatz mit dem Schiebebaukasten. Die Holzwände dieses Hauses lassen sich von etwas älteren Kindern selbstständig verschieben – so entsteht immer wieder neuer Raum zum Spielen.

Adresse botanika, Deliusweg 40, 28359 Bremen-Horn // **ÖPNV** Bus 31, Haltestelle Rhododendronpark; Linie 4, Haltestelle Bürgermeister-Spitta-Allee, von dort zu Fuß durch den Park // **Öffnungszeiten** Mo–Fr 9–18 Uhr, Sa, So 10–18 Uhr, Infos unter www.botanika-bremen.de

39_DIE KOMPLETTE PALETTE

Kurzurlaub in der Hemelinger Karibik

Wenn »Captain Papa Lette« (Immo Wischhusen) ruft, dann kommen die Leute, spucken in die Hände und packen beherzt mit an, bis die »Komplette Palette« steht. Zusammengezimmert wird alles aus Europaletten: Sitzmöbel zum Chillen ebenso wie Skulpturen fürs Auge und Stationen zum Spielen und Spaß haben.

Mit seinem Kunst- und Kulturprojekt auf einer Fläche von rund 7.000 Quadratmetern am Hemelinger Sporthafen hat der Bremer Künstler ein Fleckchen Erde geschaffen, an dem man nur zu gerne die Zeit vergisst. An der »Barlette« gibt es Getränke und Snacks, aus den Boxen wabert Musik. Den ganzen Sommer über finden auf der Bühne Konzerte statt oder legen DJs ihre Platten auf. Die freien Willigen der Palettencrew geben alles, um ihren Gästen den Kurzurlaub in der »Hemelinger Karibik« so angenehm wie möglich zu gestalten und freuen sich im Gegenzug über Spenden. Neue Ideen sind immer willkommen, denn dieser Ort lebt von der Beteiligung. Was gut läuft, kommt beim nächsten Mal wieder.

TIPP: Für den großen Hunger nach dem Karibik-Besuch steht das Bootshaus Hemelingen allen Landratten und Süßwassermatrosen offen, mit Terrasse und Blick auf den Yachthafen und die Weser (www.bootshaus-hemelingen.de).

Bewährt hat sich beispielsweise die »MS NieWo«, ein Spielschiff mit Ausguck und Rutsche. Rutschen können die Kids auch direkt ins kühle Nass am kleinen Strand – also die Badesachen einpacken. Kegelbahn, Kicker, Cornhole, Tischtennis, Bootsverleih, Domino, Trampolin und andere sportliche Aktivitäten bringen Bewegung ins kleine Paradies. Im Jahr 2023 ging die achte Auflage der »Kompletten Palette« über die Bühne. Die zehnte will »Captain Papa Lette« noch voll machen. Und auch danach geht es hoffentlich weiter …

Adresse Zum Sporthafen Hemelingen, 28309 Bremen-Hemelingen // **ÖPNV** Bus 29, Haltestelle Fuldahafen, den nächstgelegenen Stichweg über die Schienen nehmen und den Schildern folgen (circa 1,5 Kilometer) // **Anfahrt** mit dem Fahrrad (ab Weserwehr 10 Minuten) // **Öffnungszeiten** Mai–Sept., Mo und an Regentagen geschlossen, Infos unter www.dkp.online sowie auf Instagram und Facebook »diekomplettepalette«

40_DAS KUNSTATELIER

Neues Leben für alte Stoffe

Ob T-Shirts, Taschen oder Tücher – im »KunstAtelier Exprimendi« entstehen aus hellen und dunklen vorgewaschenen Textilien innerhalb von gerade mal zwei Stunden einzigartige Lieblingsstücke. Halka Breyhan richtet dort neben weiteren Kreativ-Angeboten Stoffsiebdruck-Kurse für Familien aus. Die Kreativpädagogin und Kunsttherapeutin liebt es, alten Stoffen in ihrer Werkstatt neues Leben einzuhauchen.

Die Teilnehmenden suchen sich aus einer Vielzahl von vorhandenen Sieb-Motiven ihre Favoriten aus. Die zur Auswahl stehenden Farben sind allesamt ökologisch und unbedenklich. Nach kurzer Vorbereitung und Einweisung in die Technik dürfen die Nachwuchs-Designer loslegen: Die großen Siebe werden eingespannt und der Stoff ausgerichtet, zunächst noch mit einem Rakel zwischen Siebrahmen und Druckstoff, damit beim sogenannten Fluten nichts danebengeht. Halka Breyhan hilft dabei, die angerührte Farbe ausreichend dick am Rande des Motives aufzutragen. Der eigentliche Druckvorgang ist das Rakeln, wobei die Farbe gleichmäßig durch das Sieb gedrückt wird. Zeichnet sich ein sauberes Druckbild ab, wird der Siebrahmen vorsichtig angehoben und das beeindruckende Ergebnis bestaunt. Kurz anföhnen, dann trocknen die fertigen Stücke auf der Heizung, während das nächste Motiv gedruckt oder das Sieb ausgewaschen werden kann.

Zum Verzieren von Baumwollbeuteln stehen Stoffmalstifte und Stempel bereit. Am Ende des Kurses nimmt jeder glücklich seine selbst gestalteten Unikate mit nach Hause.

Adresse KunstAtelier Exprimendi, Am Dobben 122, 28203 Bremen-Fesenfeld // **ÖPNV** Linie 1, 4, 10, Haltestelle Am Dobben // **Öffnungszeiten** Workshops nach Terminvereinbarung, Infos unter Tel. 0421/69986692 // ab 5 Jahre

TIPP: Familien, die das Nähen für sich entdeckt haben, finden zum Beispiel im Stoff-Haus (Am Dobben 40) Stoffe und Schnittmuster für das nächste Projekt (geöffnet Mo–Fr 10–18.30 Uhr, Sa 10–15 Uhr).

41_DIE KÜRZESTE SCHIFFFAHRT

Lieber Fährmann, hal över!

»Hal över!« schallte es einst »op Platt« vom anderen Ufer herüber, um den Fährmann zu rufen. 1984 suchte sich der Verein zur Rettung der Sielwallfähre diesen Namen aus, der heute die Fähre (die eigentlich »Ostertor« heißt) und sechs weitere Fahrgastschiffe betreibt.

Die Bremer lieben »ihre« Sielwallfähre; viele nutzen sie für den Weg zum Kindergarten, zur Schule oder zur Arbeit, andere wiederum für das Freizeitvergnügen. Denn das Schippern vom Osterdeich auf die Weserstrand-Seite oder umgekehrt verbreitet jedes Mal ein bisschen Urlaubsstimmung unter den Fahrgästen, von denen maximal 35 auf das Schiff passen.

Besonders für Kinder ist die kürzeste Schifffahrt Bremens vom Ein- bis zum Aussteigen ein kleines Abenteuer. Einziges Manko: Der Spaß ist leider viel zu schnell vorbei. Dennoch freut sich der Kapitän über einen kurzen Plausch und dreht in den Abendstunden, wenn er Lust und Laune hat, gerne mal eine Extrarunde – sehr zur Freude der Passagiere.

Am Weserstrand am Café Sand mit Biergarten und Beachvolleyballfeld lässt es sich herrlich ausspannen, buddeln und die Füße ins Wasser halten. Im seichten Wasser können die Kinder sich abkühlen; das Schwimmen in der Weser sollte man bleiben lassen, da der Fluss eine Bundeswasserstraße und dementsprechend gefährlich ist. Mit Sand zwischen den Zehen geht es danach mit der Sielwallfähre wieder auf die andere Weserseite. Fahrscheine kauft man direkt an Bord. Für Wiederholungstäter lohnt sich eine Zehner-, Monats- oder Saisonkarte.

TIPP: Vom »Café Sand« sind es mit dem Rad nur etwa drei Minuten bis zum Werderseestrand, zu Fuß etwa 15 Minuten. Dort wird der Badebereich von der DLRG bewacht, und es gibt einen kleinen Spielplatz am Wasser.

Adresse Osterdeich, Höhe Sielwall, 28203 Bremen-Ostertor // **ÖPNV** Linie 2, 3, 10, Haltestelle Sielwall, von dort etwa 5 Minuten zu Fuß oder mit dem Rad (Fahrräder können auf der Sielwallfähre gegen Aufpreis mitgenommen werden) // **Öffnungszeiten** aktueller Fahrplan und Ticketpreise unter www.hal-oever.de

42_DER LANDEPLATZ

Spielplatz für Kinder mit und ohne Handicap

Der Name »Landeplatz« kommt bei diesem herausragenden Spielplatz nicht von ungefähr: Früher befand sich dort tatsächlich ein runder, asphaltierter Platz mit großem »H« in der Mitte. Dieser ist im Zuge der Flächenumgestaltung einer Wiese gewichen, auf der heute noch manchmal Rettungshubschrauber landen, was für die Besucher jedes Mal ein Ereignis ist.

Auch ohne Hubschrauber »landen« auf dem Areal regelmäßig Familien, die eine schöne Zeit verbringen möchten. Die Stiftung Friedehorst hat auf ihrem Gelände einen Ort geschaffen, an dem sich Kinder und Jugendliche mit ihren individuellen Fähigkeiten und Einschränkungen bewegen und wohlfühlen können.

So vieles wartet darauf, bespielt, beklettert und erobert zu werden – sei es das gestrandete Piratenschiff »Santa Frieda«, in das, genau wie in die Wipfelburg mit integrierter Tunnelrutsche, unten mit dem Rollstuhl hineingefahren werden kann, die barrierearme Matsch- und Spielfläche mit Pumpen und Wasserkanonen oder die sanft schwingende, extra breite Himmelsschaukel unter alten Baumkronen.

Im Garten der Sinne wachsen in Bodenbeeten und unterfahrbaren Hochbeeten Kräuter und andere intensiv duftende Pflanzen. Es gibt ein Gartenlabyrinth mit einem Pfad aus unterschiedlichen Materialien, der sich auch therapeutisch nutzen lässt, einen Parcours mit Outdoor-Fitnessgeräten für die Älteren, der sich über den gesamten Campus erstreckt, und einen Bouleplatz. Eine öffentliche Toilette befindet sich am Haupteingang (an der Rotdornallee beim i-Punkt).

TIPP: Der Friedehorst-Park (Holthorster Weg) ist bekannt für die höchste natürliche Erhebung Bremens. Der »Keinberg« hat eine Höhe von 32,5 Metern über Normalhöhennull. Wer entdeckt ihn wohl zuerst?

Adresse Friedehorst, Rotdornallee 64, 28717 Bremen-Lesum // **ÖPNV** Bus 90, 91, 92, Haltestelle Lesum Park, Zugang zum Gelände Friedehorst über die Hans-Steil-Straße // **Anfahrt** Parkplätze befinden sich an der Louis-Seegelken-Straße // **Öffnungszeiten** immer geöffnet, www.friedehorst.de

43_DIE LAUSCHORTE

Bremer Geschichten zum Hören und Staunen

Die Bremer Stadtmusikanten sind DAS Wahrzeichen von Bremen. Nun kann man sie und sechs weitere besondere Orte nicht nur mit den Augen, sondern auch mit den Ohren erkunden. »LauschOrte« heißt das Projekt, das dazu einlädt, innezuhalten und achtsam zuzuhören.

Die »LauschOrte«, die im Rahmen des Aktionsprogramms Innenstadt »Bremen wird neu« in Zusammenarbeit mit dem Bremer Literaturkontor und dem Kammerensemble Konsonanz entstanden sind, umfassen neben den Stadtmusikanten die Sögeschweine, die Reiterstatue am Dom, den Spuckstein auf dem Domshof, das Segelschiff »Alexander von Humboldt«, das Mahnmal in der Dechanatstraße und den goldenen »Lichtbringer« in der Böttcherstraße.

Für kleinere Kinder (ab circa fünf Jahren) ist ein akustischer Zwischenstopp bei den Schweinen und den Stadtmusikanten eine gute Idee, die anderen »LauschOrte« sind inhaltlich komplexer und zum Teil auch ganz schön gruselig (etwa die Geschichte der Giftmörderin Gesche Gottfried am Spuckstein) und daher eher für ältere Zuhörer (ab circa acht Jahre) geeignet.

Und wie bekommt man die musikalisch-literarischen Beiträge von lustig bis nachdenklich aufs Ohr? Einfach »LauschOrte«-Schild am jeweiligen Platz suchen, mit dem Smartphone den QR-Code einscannen und lauschen. Für ein besseres Klangerlebnis am besten Kopfhörer benutzen.

Adresse verschiedene Orte in der Bremer Innenstadt, zum Beispiel bei den Bremer Stadtmusikanten, Schoppensteel 1, 28195 Bremen-Altstadt // ÖPNV Linie 2, 3, 4, 6, 8 oder Bus 24, 25, Haltestelle Domsheide // Öffnungszeiten frei zugänglich, jederzeit auch anhörbar unter www.lauschorte.de // ab circa 5 Jahre

TIPP: Noch ein Ort zum Lauschen ist das »Bremer Loch« vor der Bürgerschaft. Münze einwerfen, und die Rufe der Bremer Stadtmusikanten schallen aus dem Gully. Das Geld dient einem guten Zweck; es fließt in die Projekte der Wilhelm-Kaisen-Bürgerhilfe.

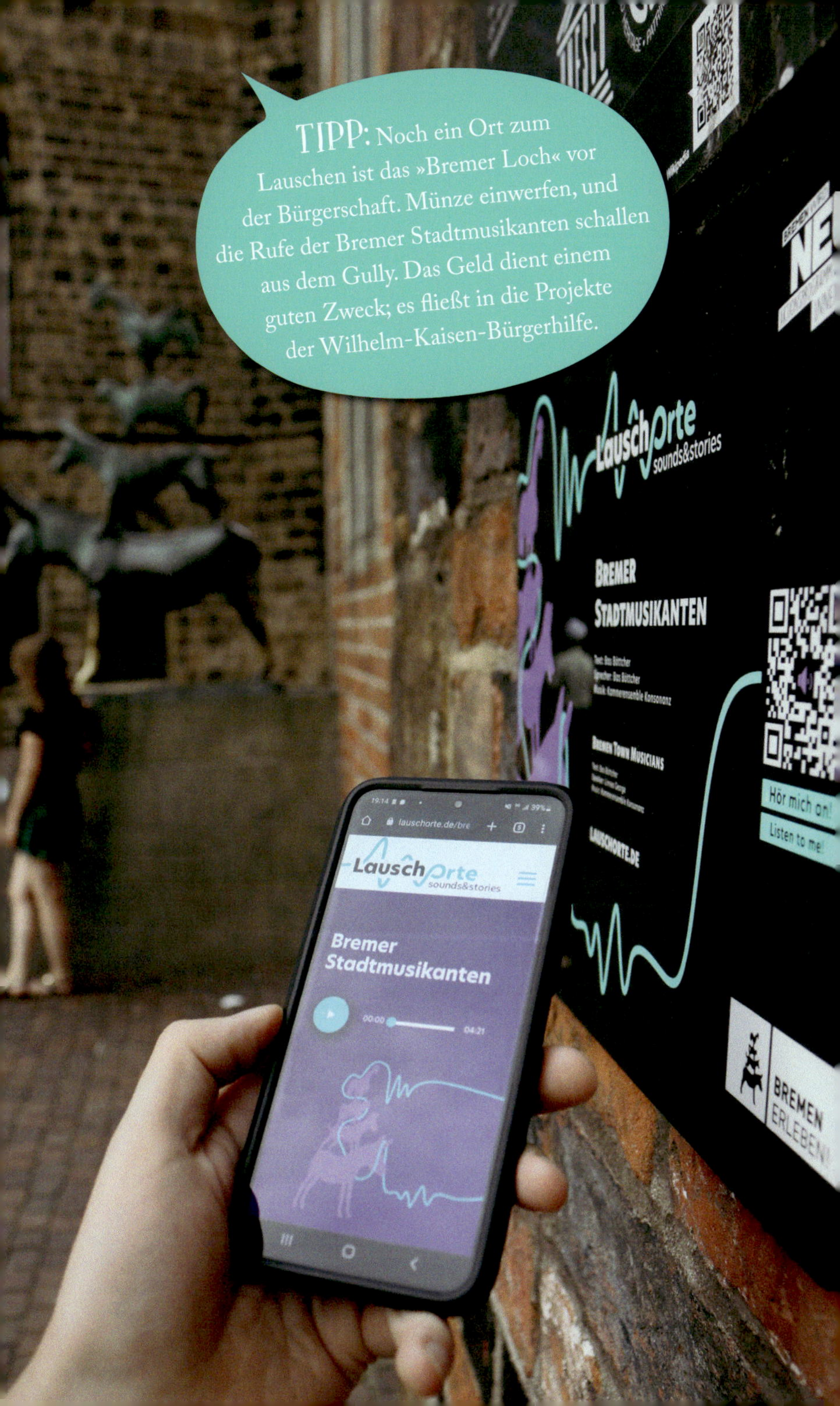

44_DER LEHRBIENENSTAND

Von Bienchen und Blümchen

Es summt auf dem Lür-Kropp-Hof in Oberneuland. Entlang der Wege des weitläufigen Parkgeländes machen bunte Schilder die Besucher auf eine Besonderheit aufmerksam: den Lehr- und Schaubienenstand des Imkervereins Bremen von 1875. Je nachdem, von welcher Seite man ihn ansteuert, bleiben die Kinder erst einmal bei den Wipptieren hängen. Wer kann schon von sich behaupten, einmal auf einer Biene oder einem Grashüpfer geritten zu sein? Doch die Hauptattraktion sind die echten Bienen. Diesen kommt man am Lehrbienenstand ganz nah. Dort setzen sich die Gäste gemütlich auf eine Bank und schauen dem Flugverkehr zu. Achtung: Die Bienen haben hier immer »Vorfahrt«.

Die emsigen Insekten fliegen auf die Kräuter und Blumen der Bienenweide, sammeln Nektar und Pollen und transportieren diesen in ihre Waben. Mit bis zu 30 Stundenkilometern sausen sie durch die Lüfte. Was im Inneren einer Honigwabe passiert, lässt sich bei einem Blick in die Schaukästen beobachten: Vor der Nase des staunenden Betrachters verrichten die Bienen ihre Arbeit und lassen sich dabei nicht stören.

Auf Schautafeln rund um den Lehrbienenstand erfahren Interessierte Wissenswertes über die Imkerei, die Bienen und ihre Bedeutung für die Umwelt. Dazu gibt es jede Menge Ideen, wie man den Bienen im eigenen Garten etwas Gutes tun kann. Wenn Imker auf dem Lehrgelände sind, ist der Bienenspeicher geöffnet, in dem man sich allerlei Gerätschaften rund um die Imkerei anschauen kann.

TIPP: Immer am 1. Mai feiern die Oberneulander zusammen mit dem Imkerverein auf dem Hof ihr traditionelles Maifest – mit Programm und Aktionen für die ganze Familie.

Adresse Lür-Kropp-Hof, Rockwinkeler Landstraße 5, 28355 Bremen-Oberneuland // ÖPNV Bus 33, 34, Haltestelle Bahnhof Oberneuland, von dort aus den Bahnsteig Richtung Hamburg bis zum Ende ablaufen und dem weiteren Weg folgen // Öffnungszeiten immer zugänglich, Hauptsaison Mai – Aug., Mitglieder vom Imkerverein Do 15 – 18 Uhr vor Ort oder an Tagen der offenen Tür, Führungen für Gruppen und Schulklassen nach Absprache, www.bremer-imker.de/lehrbienenstand // ab 4 Jahre

45_LEO'S ABENTEUERPARK

Die Kleinen einfach mal machen lassen

Die dunkleren Jahreszeiten bringen häufig auch das typisch norddeutsche Schietwetter mit sich. Damit die Kinder sich trotzdem ausgiebig bewegen können, haben sich in den vergangenen Jahren auch in Bremen die Indoorspielplätze bewährt. Der neueste Spross ist Leo's Abenteuerpark in der Überseestadt mit Spiel und Spaß an 365 Tagen im Jahr. Das Konzept, das sich bereits in mehr als 50 Anlagen in Nordeuropa bewährt hat, beruht auf Hygiene und Sicherheit. Der Betreiber veröffentlicht im Internet sogar den Reinigungsplan der Spielgeräte. Überhaupt scheint nach einem Besuch der Webseite kaum etwas unklar zu bleiben. Die umfangreichen FAQs klären auch die letzte Frage, die vor dem Kindergeburtstag in einem der Themengebiete gestellt werden könnte.

Die Spielgeräte sind modern und laden dazu ein, Abenteuer zu erleben: Hangeln wie ein Äffchen im Urwald, Erklimmen des Vulkans oder spektakuläre Schlachten mit Druckluftkanonen auf dem Piratenschiff sind nur ein kleiner Teil der vielen Möglichkeiten. Dazwischen ist viel Platz zum Rennen und Toben: Hier bleibt kein Kindershirt trocken! Durst und Hunger können im angeschlossenen Bistro mit mehr als nur Junkfood gestillt werden, denn es sind auch Wraps, Salate und Toasts im Programm.

Erwachsene zahlen keinen Eintritt. Sie können sich nicht nur auf die bequemen, gepolsterten Bänke, sondern auch auf verschiedene Sofas im Spielbereich zurückziehen oder im kostenfreien WLAN surfen. Junge Familien freuen sich über ausreichend Platz für Kinderwagen und einen extra Bereich für Kleinkinder.

Adresse Löwenhof 4, 28217 Bremen-Überseestadt // ÖPNV Linie 2, Haltestelle Lloydstraße // Öffnungszeiten Mo–Fr 10–19 Uhr, Sa, So 9–19 Uhr, alle weiteren Infos unter www.leosabenteuerpark.de/bremen

TIPP: In seinem Close-Up-Zaubertheater in der Überseestadt (Waller Stieg 2) schaut das Publikum dem Magier David Lavé bei seinen verblüffenden Tricks auf die Finger. Die Zaubershow wird für Kinder ab zwölf empfohlen, die Hypnoseshow erst ab 16 (www.zaubertheater-bremen.de).

46_DIE LORIOT-BANK

Selfies mit dem Knollennasenmann

Im Nadelstreifenanzug mit schwarzer Fliege und roter Rose am Revers sitzt er verträumt auf der Bank und trotzt jedem Wetter: Das rund 200 Kilogramm schwere Loriot-Denkmal wurde 2016 zu Ehren des 2011 verstorbenen Humoristen Vicco von Bülow am Loriotplatz aufgestellt. Zu jeder Tages- und Nachtzeit wartet der Knollennasenmann seitdem in den Wallanlagen auf Besuch und hat nichts gegen originelle Selfies für das Familienalbum einzuwenden, solange man nett zu ihm ist.

Kinder amüsieren sich über das lustige Männchen mit der dicken Nase. Eltern denken vielleicht beim Anblick an die alten Cartoons und sehen vor ihrem geistigen Auge Klassiker wie das zu hart gekochte Frühstücksei, das schiefe Bild, den sprechenden Hund oder die Herren im Bade (»Die Ente bleibt draußen!«) vorbeiziehen. Nicht zu vergessen: »Weihnachten bei Hoppenstedts«.

Dass der Knollennasenmann heute zu den Bremer Sehenswürdigkeiten zählt, ist dem damaligen Gastronom Jürgen Schmidt zu verdanken. Vicco von Bülow kehrte oft in Schmidts »Bistro Grashoff« ein. Die Loriot-Bank ist ein Zeichen der Freundschaft, die die beiden Männer verband – und sie ist nicht die einzige Hommage an den vielseitigen Künstler. Seit 2013 steht vor dem Funkhaus von Radio Bremen ein etwa 600 Kilogramm schweres Bronze-Sofa samt Mops, das an seine Moderationen auf dem grünen Sofa erinnert. Übrigens, davon war Loriot überzeugt: »Ein Leben ohne Mops ist möglich, aber sinnlos.«

TIPP: Noch ein Foto? Ein weiterer Hotspot ist der »#MOIN«-Schriftzug am Herdentor. Bis zu den Schweinchen in der Sögestraße ist es von hier aus auch nicht mehr weit.

Adresse Contrescarpe 80, 28195 Bremen-Mitte // **ÖPNV** Linie 4, 6, 8 oder Bus 24, 25, Haltestelle Herdentor // **Öffnungszeiten** jederzeit frei zugänglich

47_DIE MÄRCHENSTUNDE

Kasperle-Theater und Geschichten im Schloss

Ein Schloss – egal ob mit oder ohne Türmchen – umgibt immer etwas Geheimnisvolles, ja Sagenhaftes. Dieser Ort im grünen Auetal ist somit wie geschaffen, um dort Geschichten und Märchen zu erzählen. An jedem ersten Sonntag im Monat laden zwei Ehrenamtliche des Heimat- und Museumsvereins Kinder zu einer kurzweiligen Zeit ins Schloss Schönebeck ein. Mal öffnet sich der Vorhang zum Kasperle-Theater mit selbst ausgedachten Stücken, mal lauschen die Kinder Geschichten und Märchen in bunter Reihenfolge.

Im Anschluss an diese Veranstaltung können die Kinder mit ihren Eltern oder Großeltern noch das Heimatmuseum im Schloss Schönebeck besuchen. Zu gucken gibt es einiges, wie zum Beispiel das Kinderzimmer. Einige antike Spielsachen befinden sich hinter Glas, damit sie nicht kaputtgehen. Andere wiederum, wie Kaufmannsläden und Bilderbücher, möchten bespielt und angeschaut werden.

Auf den oberen Etagen erfahren die Besucher Interessantes über die Historie der Vegesacker Schifffahrt, Walfänger und Heringslogger. Der riesige Panzer einer Karettschildkröte, die Kiefer von Sägefischen sowie allerlei kuriose Mitbringsel von Seereisen zu fernen Kontinenten sind dort ausgestellt. Wer schon immer wissen wollte, wie das Schiff in die Buddel kommt, ist nach dem Museumsbesuch schlauer.

Adresse Schloss Schönebeck, Im Dorfe 3–5, 28757 Bremen-Vegesack // **ÖPNV** Bus 90, 91, 92, Haltestelle Bahnhof Schönebeck // **Öffnungszeiten** Märchenstunde jeden 1. So im Monat 11 Uhr, reguläre Öffnungszeiten: Di, Mi und Sa 15–17 Uhr, So 10.30–17 Uhr, mehr Infos unter www.museum-schloss-schoenebeck.de // ab 5 Jahre

TIPP: Am Talhang der Schönebecker Aue liegt die Ökologiestation Bremen. Auf etwa 20 Hektar Fläche erforschen Kinder eine Fülle an Biotopen (geöffnet: im Sommer 7–20 Uhr, im Winter 8 Uhr bis zum Anbruch der Dunkelheit, www.oekologiestation-bremen.de, Begleitbroschüre für den Naturerlebnispfad auf www.oekologiestation-bremen.de).

48_DIE MATSCHKUHLE

Sich so richtig schön schmutzig machen

Wenn die lieben Kleinen von oben bis unten mit Schlamm beschmiert und strahlend vor Glück aus der Matschkuhle krabbeln, geht den Eltern das Herz auf. In der Kinderwildnis des BUND auf dem Stadtwerder dürfen Kinder sein, wie sie sind: frech, wild und wunderbar! Und eines gehört da einfach dazu: sich nach allen Regeln der Kunst einzusauen. Am besten bringen Kinder von zu Hause Eimer, Schaufel und anderes Sandspielzeug mit, die Eltern selbstredend genug Kleidung zum Wechseln und ein Handtuch.

Auf einem Hügel steht eine große Handwasserpumpe. Wird diese betätigt, fließt das Wasser hinunter in die Kuhle, in der einige Baumstammteile zum Klettern liegen. Je fleißiger gepumpt wird, desto mehr Wasser rinnt in die Kuhle und desto größer wird das Matschvergnügen. Kommen nun noch Lehm, weißer Sand aus der Grube, Stöcker und Steine dazu, sind alle Materialien vorhanden, um loszubauen.

TIPP: Verwildert-verwunschene Ecken für Kinder gibt es auch in anderen Stadtteilen, zum Beispiel in Walle. Das WUPP-Naturerlebnisgelände befindet sich auf dem ehemaligen Kleingartengebiet am Hagenweg/Ecke Fleetstraße (www.wupp-bremen.de).

Es soll ja aber auch Kinder geben, die nicht so gerne matschen. Auch für diese ist die etwa 1,7 Hektar große Kinderwildnis mit ihren Hügeln, Gräben und wilden Wiesen ein Paradies. Grüne Höhlen und das Baumhaus wollen erkundet, verschlungene Pfade durch das Unterholz entdeckt werden. Zur Kinderwildnis gehören außerdem eine Streuobstwiese, Hochbeete und ein Hühnergehege. Jährlich veröffentlicht der BUND sein Kinderprogramm, prall gefüllt mit tollen Veranstaltungen und Ferienaktionen. Jeden Mittwoch von 15 bis 17 Uhr trifft sich der KiWi-Club (ab 5 Jahre) zum Entdecken, Basteln, Bauen und Spielen.

Adresse Kinderwildnis zwischen Fährweg und Strandweg, 28201 Bremen-Stadtwerder // **ÖPNV** mit der Sielwallfähre (Fährzeiten: www.hal-oever.de), Parkplätze am Kuhhirtenweg // **Öffnungszeiten** jederzeit zugänglich, Gruppen bitte anmelden, WC am »Café Sand«, mehr Infos unter www.kinderwildnis-bremen.de

49_DIE MEDIENWERKSTATT

Futter für Augen und Ohren im Schlachthof

Fällt der Begriff Schlachthof anderswo, assoziiert man ihn wohl nicht mit einem Kulturzentrum. Im Bremer Kontext hingegen schweifen die Gedanken zu Konzerten, Kindertheater, Lesungen und Festivals, die man in dieser Location bereits erlebt hat. Kultur zu genießen ist das eine, sie aktiv mitzugestalten das andere.

Für die Produktion von Hör- und Videobeiträgen im Rahmen von Kursen und Workshops stellt die Medienwerkstatt im Kulturzentrum Schlachthof den Raum und das technische Equipment zur Verfügung. Kinder und Jugendliche lernen unter filmkünstlerischer und pädagogischer Anleitung spielerisch und selbstbestimmt das kreative Gestalten mit neuen Medien, indem sie Themen, die sie aktuell beschäftigen, in Klang und Bild verarbeiten.

In den Audioworkshops »Ohrenfutter« schreiben die Teilnehmenden gemeinsam eine Geschichte, der mittels Stimmen, Geräuschen und Musik Leben eingehaucht wird. Sie schneiden die Audiodateien selbst und produzieren ein Hörspiel, das zum krönenden Abschluss bei »Radio Weser.TV« gesendet wird.

In den mehrtägigen »frei raus«-Workshops dreht sich alles um das Thema Bewegtbild. Die Kinder und Jugendlichen entwickeln eine spannende Story für einen Kurzfilm, schreiben ein kleines Drehbuch, schauspielern, führen Kamera und Regie. Ist der Film im Kasten und fertig geschnitten, fiebern alle Beteiligten der Premiere vor Eltern und Freundeskreis entgegen.

Adresse im Schlachthof, Findorffstraße 51, 28215 Bremen-Findorff // ÖPNV Bus 25, Haltestelle Theodor-Heuss-Allee // Öffnungszeiten aktuelle Termine und weitere Infos gibt es unter www.schlachthof-bremen.de // ab 8 Jahre

TIPP: Auch das Kindertheater des Kulturzentrums Schlachthof bietet den Jüngsten ein tolles Programm. Von Anfang November bis Mitte März finden für Kinder ab drei Jahren jeden Sonntag um 15 Uhr Theatervorstellungen verschiedener Genres in der Kesselhalle und auf dem Magazinboden statt.

50_MENSCH, PUPPE!

Wo Phantasie und Wirklichkeit verschmelzen

Es hat etwas Magisches, wenn die Puppen auf der Bühne des Theaterkontors zum Leben erwachen. Bei »Mensch, Puppe!« stehen Schauspieler und Figuren gemeinsam auf der Bühne, interagieren miteinander und mit dem Publikum – und das auf eine besonders faszinierende Weise.

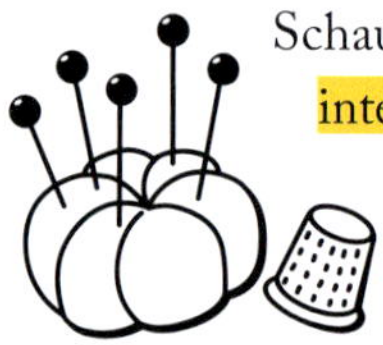

Die Kinder sind ganz nah dran am Geschehen und tauchen ein in die phantasievollen Inszenierungen: Ob Märchen wie »Die Prinzessin auf der Erbse«, Bilderbuch-Perlen wie »Armstrong – Die abenteuerliche Reise einer Maus zum Mond« oder unbekanntere Geschichten wie »Florentinas Flunker-Flokati« – das Familienprogramm ist vielfältig und wendet sich an ein Publikum ab drei Jahren aufwärts.

Klein und kuschelig ist es im Figurentheater, das im November 2011 erstmals bespielt wurde. Gegründet haben es die Puppenspieler Jeannette Luft und Leo Mosler, Schauspielern Claudia Spörri und Regisseurin Henrike Vahrmeyer. Seitdem präsentieren sie gemeinsam Figuren-, Bilder- und Objekttheater, Schauspiel, Lesungen und Konzerte – nicht nur für Kinder, sondern auch für Erwachsene.

Die Kulissen sind so gestaltet, dass sie sich mit wenigen Handgriffen verändern lassen und fördern während des Spiels überraschende Details und Effekte zutage. Maßgeschneidert für jedes Stück sind die Puppen, die von professionellen Puppenbauern in Handarbeit gefertigt werden. Am Ende der Vorführung dürfen sich Neugierige die Kulissen und Figuren noch einmal ganz aus der Nähe anschauen.

TIPP: Das Viertel ist für alternative Läden bekannt. Im »Titus«-Skateshop (Ostertorsteinweg 1) gibt es nicht nur Streetwear, sondern auch gleich das passende Skateboard und alles andere, was Skater so cool finden.

Adresse Schildstraße 21, 28203 Bremen-Ostertor // ÖPNV Linie 2, 3, 10, Haltestelle Sielwall // Öffnungszeiten aktuelles Familienprogramm und Preise unter www.menschpuppe.de, Kartenbestellung per Mail an karten@menschpuppe.de oder unter Tel. 0421/79478292 // ab 3 Jahre

51_ METALHENGE

Der höchste Berg Bremens

Ein Berg in Bremen? Nun, über den Begriff Berg lässt sich streiten. Zweifellos jedoch befindet sich die höchste Erhebung Bremens auf der Blocklanddeponie, also auf einem Müllberg. Von stinkendem Müll ist nichts mehr zu sehen, da dieser Teil der Deponie stillgelegt und renaturiert wurde. Der Abfall schlummert unter einem dicken Teppich mit einer obersten Schicht aus Gräsern und Wildblumen. Wenn man es nicht besser wüsste, könnte man fast meinen, diese Erhebung sei auf natürliche Weise entstanden.

Beim Aufstieg werden Eltern überrascht sein, wie schnell der Nachwuchs oben ist. Um zum 39,5 Meter hohen, von Stonehenge inspirierten Aussichtspunkt Metalhenge zu gelangen, gibt es mehrere Wege und Treppen. Dort angekommen, lassen sie den Blick in die Ferne schweifen. Zu sehen sind von hier aus unter anderem der Fallturm, der Dom, die Roland-Mühle, der Weser-Tower und das Fußballstadion. Mit einem mitgebrachten Fernglas lassen sich noch weitere bekannte Gebäude entdecken. Wer sich umdreht, blickt in die grüne Weite des Blocklands mit Wiesen und Feldern, durchzogen von Wassergräben. Für den Künstler und Gestalter von Metalhenge Thomas Roth ist der Ort, den man unbedingt auch bei Sonnenauf- und -untergang besuchen sollte, ein Schnittpunkt menschlicher Existenz. Er zeigt unsere Gegenwart, unseren Ursprung und konfrontiert uns mit unserer Kultur-Leistung Müll. Dies regt zum Nachdenken über das eigene Wegschmeiß-Verhalten an. Für Astronomie-Begeisterte erschließen sich an diesem Platz mit den 25 rostigen Stelen aus alten Spundwänden noch ganz andere Dimensionen.

TIPP: Müll in der Stadt ist ein allgegenwärtiges Thema, mit dem sich die Aktiven von »Clean up your City« intensiv auseinandersetzen. Sie veranstalten Müllsammel-Aktionen in verschiedenen Stadtteilen. Alle sind eingeladen, mitzumachen (www.cuyc.de).

Adresse Fahrwiesendamm, 28219 Bremen-Blockland // **Anfahrt** mit dem Pkw Richtung A 27, Ausfahrt Bremen-Überseestadt, den Schildern Richtung Mülldeponie folgen // **Öffnungszeiten** immer zugänglich; kostenloser Audioguide und Metalhenge-Quiz unter: www.metalhenge.de, barrierefrei

52_DIE MINIGOLF-HELDEN

Einlochen mit 4D-Effekt

Minigolf in einer neuen Dimension – das kann man auf der Plantage in Findorff erleben. Inhaber Jens Bödeker hat die rund 500 Quadratmeter große Schwarzlicht-Minigolf-Anlage samt Chill-Ecke und Gastrobereich mit viel Mühe eingerichtet. Um die fünf voneinander abgetrennten Themenräume mit insgesamt 18 Bahnen voll auf sich wirken zu lassen, setzen sich die Spieler 3D-Brillen auf.

Graffiti-Künstler haben an den Wänden und Decken sowie auf den Böden und Bahnen faszinierende Welten geschaffen, die durch die Brille für den Betrachter zum Greifen nah scheinen: ein Unterwasserszenario, einen Piratenraum mit Gewitter als Special Effect, eine Zauberschule, einen Superheldenraum und eine Planetenoberfläche als letztes Abenteuer für die Minigolf-Helden. Ergänzt werden die Bilder durch Projektionen. Für den 4D-Effekt sorgen Hintergrundgeräusche.

Man kann sich lange in den einzelnen Themenwelten aufhalten, um jedes kleine Detail zu entdecken – seien es die lebendigen Bilder in der Zauberschule, der Suchscheinwerfer im Superheldenraum oder die fliegenden Asteroiden im Weltraum. Beim Spielen sollte man die 3D-Brille dann vielleicht doch besser nach oben schieben, sonst könnte es schwierig werden, den Ball über Hindernisse, Brücken, Röhren und Rampen ins Loch zu bugsieren. Die Anlage ist mit oder ohne Brille ein Hingucker.

TIPP: Auf der Plantage gibt es noch mehr Action! Gleich neben den »Minigolf-Helden« geht es beim Lasertag von »LaserSky« in der rund 800 Quadratmeter großen Weltraum-Arena zur Sache (www.lasertag-lasersky.de).

Adresse Plantage 5, 28215 Bremen-Findorff // **ÖPNV** Bus 25, Haltestelle Theodor-Heuss-Allee // **Öffnungszeiten** Mo–Do 10–20 Uhr, Fr, Sa 10–22 Uhr, So 12–22 Uhr, Infos und Buchungen über www.minigolf-helden.de //ab 4 Jahre

53_MINIJUMP

Springen wie ein Känguru

Dass man im JUMP House mitten im Shopping-Center Waterfront große Sprünge machen kann, ist nichts Neues. Jetzt können sich aber auch die Kleinsten dort eine Stunde lang ungestört austoben – und das, bevor der Trampolinpark regulär seine Türen öffnet. »MiniJUMP« heißt das Format, welches exklusiv für Kinder von zwei bis sechs Jahren jedes Wochenende sowie an ausgewählten Feiertagen und Ferientagen angeboten wird. Zusammen mit einem Elternteil oder einer anderen erwachsenen Vertrauensperson sammeln Minis erste Sprung-Erfahrung im sicheren, familiären Umfeld.

Tickets lassen sich online buchen. Vor Ort müssen nur noch für jeden die orangen JUMP-Socken erworben werden – und schon kann die Gaudi losgehen. Wichtig zu wissen: Beim »MiniJUMP« stehen lediglich Teilbereiche der Halle und nur Trampoline zur Verfügung. Attraktionen wie die Ninja Box, der Survival-JUMP oder der Sky Ninja sind aufgrund der Alters- und Größenbegrenzungen in dieser Zeit geschlossen.

TIPP: Ebenfalls in der Waterfront hat »Planet Arcade« seine Basis. Mit dem Kauf einer »Playcard« verschaffen sich die Spieler Zugang zu circa 45 virtuellen Spielen und einem modernen VR-Simulator (www.planet-arcade.de).

Jump-Spaß und Action sind dennoch an den verschiedenen Stationen garantiert: Auf dem FreeJUMP turnen die Kinder auf einer Fläche mit 90 Trampolinen, die auch die Wände mit einbeziehen. Im FoamJUMP springen sie vom Trampolin in eine Grube mit Tausenden weichen Schaumstoffwürfeln, und auch der BagJump endet mit einer weichen Landung. Zum Helden eines Computerspiels werden die Kids beim VideoJUMP. Wer es wohl schafft, beim SlamJUMP den Basketball in den Korb zu befördern?

Adresse JUMP House, AG-Weser-Straße 3, 28237 Bremen-Gröpelingen // **ÖPNV** Linie 3, Haltestelle Use Akschen // **Öffnungszeiten** MiniJUMP: Sa, So 9 – 10 Uhr, reguläre Öffnungszeiten und Angebote unter www.jumphouse.de // 2 bis 6 Jahre

54_DIE MOTORIKWAND

Spielen, schnacken, schlemmen

Ob für eine Pause vom Shoppingbummel in der City oder zum längeren Verweilen und Genießen – die Markthalle Acht sei all jenen ans Herz gelegt, die in Bremen mit Kind und Kegel unterwegs sind. Im hinteren Teil haben die Macher einen Spielbereich eingerichtet. Der Kinderwagen parkt direkt daneben, und man kommt schnell mit anderen Familien ins Gespräch.

Wetten, dass die Kleinen als Nächstes die originelle Vintage-Motorikwand erkunden wollen? Sie verfügt unter anderem über Griffe, Knöpfe, Schalter, Rollen zum Drehen und Türchen zum Auf- und Zusperren. Hier sind die Minis eine Zeit lang beschäftigt, während sich DIY-Eltern schon mal einen Plan machen, wie sie solch eine Wand zu Hause nachbauen können. Ergänzt wird das Spielangebot durch ein Schaukelpferd, Holzküchen, bunte Softbausteine, Bälle und ein Häuschen. Im Idealfall ist einer der Tische in der Nähe der Spielecke frei, sodass man die Kinder im Blick behält.

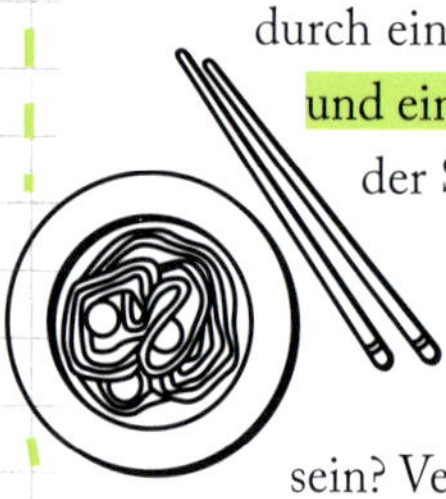

Was das Essen angeht, möchte man sich in der Markthalle am liebsten von Stand zu Stand schlemmen, so vielfältig ist die kulinarische Auswahl. Was darf es sein? Vegetarisches Curry, eine köstlich belegte Pizza, ukrainische Pasta, ein saftiger Beef-Burger oder eine vietnamesische Bowl? Bei jedem Besuch entdeckt man etwas Neues. Gute Musik zum Essen gefällig? Donnerstags ab 18 Uhr finden Hutkonzerte statt. Zu anderen Zeiten kann es passieren, dass sich ein musikalisch talentierter Gast ans Klavier setzt und spielt.

Adresse Markthalle Acht, Domshof 8–12, 28195 Bremen-City // ÖPNV Linie 4, 6, 8 oder Bus 24, 25, Haltestelle Schüsselkorb // Öffnungszeiten Di, Mi 11–20 Uhr, Do–Sa 11–22 Uhr, www.markthalleacht.de, barrierefrei, WC und Wickelmöglichkeit vorhanden (kostenpflichtig) // circa 1 bis 3 Jahre

TIPP: Die hölzerne Treppe in der Markthalle hinauf geht es zu »Dünenbrand«. Im gläsernen Atelier können Besucher in der Woche mit Glück spontan Keramik bemalen. Wer auf Nummer sicher gehen möchte, reserviert vorher einen Termin. In der Keramikwerkstatt sind auch Kindergeburtstage möglich.

55_DIE MÜHLE OBERNEULAND

Aus Korn selber Mehl herstellen

Die Mühle Oberneuland ist das Wahrzeichen des gleichnamigen Stadtteils – und noch mehr als das. Sie gehört seit den 1970er Jahren zum Focke-Museum und kann mit und ohne Führung besichtigt werden. Bilder und historische Exponate in der Dauerausstellung »Vom Korn zum Brot« veranschaulichen, wie die Ernte vor rund hundert Jahren ausgesehen hat.

Kinder dürfen selbst Hand anlegen: das Korn dreschen, mit einer Staubmühle die Spreu vom Weizen trennen und in einer Handmühle durch tüchtiges Kurbeln in mehreren Durchgängen ihr eigenes Mehl mahlen. Am Ende nehmen sie dieses stolz in einer Tüte mit nach Hause. So erfahren sie am eigenen Leib, wie die Getreidekörner ins Brot gelangen und was eine Windmühle damit zu tun hat. In der obersten Etage betreten die Besucher den Steinboden, der im Original erhalten ist. Von hier aus können sie direkt in den Mühlenkopf mit dem Mahlwerk schauen.

An der Stelle, an der heute die Mühle Oberneuland steht, wurde 1614 die erste Getreidewindmühle im Bremer Landesgebiet errichtet. Je nach Windrichtung konnte bei dieser sogenannten Bockwindmühle das ganze Gehäuse gedreht werden. 1840 brannte sie ab und wurde 1848 durch eine Galerieholländermühle ersetzt. Heute steht die komplett betriebsfähige Mühle unter Denkmalschutz. An Aktionstagen wie dem Mühlentag (Pfingstmontag) oder dem Tag des offenen Denkmals (2. Sonntag im September) ist der Eintritt frei.

Adresse Mühlenweg 34, 28355 Bremen-Oberneuland // ÖPNV Zug oder Bus 33, 34, Haltestelle Bahnhof Oberneuland // Öffnungszeiten April–Nov. So 11–17 Uhr; Dez.–März geschlossen; weitere Infos: www.focke-museum.de // circa 4 bis 10 Jahre

TIPP: Frische Landmilch von glücklichen Oberneulander Kühen kann man an der Milchtankstelle von Familie Haltermann zapfen (Am Hodenberger Deich 36). Geld einwerfen, Flasche drunter halten und schon läuft's!

56_DIE MUMIEN IM BLEIKELLER

Schaurig und faszinierend zugleich

Vorsicht, ein Besuch im Bleikeller, in den man durch den Bibelgarten gelangt, ist nichts für Zartbesaitete. Die acht Mumien, die dort in ihren Särgen unter Glas liegen, finden nicht wenige Menschen schaurig. Stellt sich die Frage: Warum sollte man diesen Ort mit Kindern und Jugendlichen besuchen?

Mumien verbinden die meisten mit dem Alten Ägypten. Dass man diese – uneingewickelt – sehen kann, ohne weit reisen zu müssen, ist schon mal eine Besonderheit. Mumien sind mystisch und geheimnisvoll. Ganz sachlich betrachtet, ermöglichen sie uns Einblicke in längst vergangene Epochen, vermitteln uns Wissen über andere Kulturen und Lebensweisen. Im kirchlichen Kontext regen sie dazu an, über die Themen Tod, Leben und Auferstehung nachzudenken.

Ein lebloser Körper, der die Jahrhunderte überdauert, hat etwas Faszinierendes. Und dann die Geschichten, die sich um die Toten ranken ... Das Gänsehautgefühl gehört dazu. Es ist aber ratsam, den Besuch mit Kindern gut vorzubereiten. Die »Breminauten« haben dazu auf Youtube ein Video hochgeladen.

Die berühmteste Mumie im Bleikeller ist der »Dachdecker«. Zumindest glaubte man lange, dieser Mensch sei bei Dom-Arbeiten vom Dach gestürzt. Sein Mund ist (immer noch) wie zum Schrei geöffnet. Dank einer Röntgenuntersuchung im Jahr 1985 weiß man, dass es ein Soldat oder Offizier aus dem Dreißigjährigen Krieg gewesen ist, der vermutlich an einer Kugel im Rücken gestorben ist. Seine Knochen hingegen waren unversehrt, womit ein Sturz vom Dach widerlegt werden konnte.

Adresse Am Dom 1, 28195 Bremen-Altstadt // ÖPNV Linie 2, 3, 4, 6, 8 oder Bus 24, 25, Haltestelle Domsheide // Öffnungszeiten April–Dez. Mi–So 11–17 Uhr, Infos unter www.stpetridom.de // ab Grundschulalter (je nach Empfindsamkeit des Kindes)

TIPP: Den (nicht gruseligen) Nachtwächter-Rundgang bietet StattReisen Bremen einmal im Monat in einer Kinderversion an. Die etwa einstündigen Touren starten ab 19 Uhr an den Domtreppen. Im Winter dürfen die Kids ihre Laternen mitbringen (Terminbuchung unter www.stattreisen-bremen.de).

57_DIE MUSIKWERKSTATT

Rumtönen mit den Bremer Philharmonikern

Falsche Töne gibt es in der Musikwerkstatt nicht. Jeder Ton – egal wie schief er am Anfang auch klingen mag – ist ein tolles Erfolgserlebnis für den musikalischen Nachwuchs. Unter fachkundiger Anleitung der Bremer Philharmoniker machen sich Kinder bei »Musik mit Pfiff« je nach Jahreszeit mit drei verschiedenen Orchesterinstrumenten vertraut. Darunter sind je ein Streich-, Blech- und ein Holzblasinstrument: Was muss ich beispielsweise mit meinen Lippen machen, um einen Ton aus dem Horn zu bekommen? Wie heißt das Instrument mit dem Stachel unten dran? Und wie entlocke ich der Flöte die ersten Töne?

Musikalische Vorkenntnisse brauchen die Kinder nicht. Im Mittelpunkt steht die Freude am Töne machen und gemeinsamen Singen. Durch Probieren lernen sie die Besonderheiten der Instrumente kennen.

Mit einer Dauer von rund 60 Minuten sind die Workshops nicht zu lang und somit für die Lütten nicht überfordernd. Am Ende dürfen sie sich stolz eine Urkunde abholen, auf der die ausprobierten Instrumente abgestempelt werden. Nicht selten äußern die kleinen Besucher nach der Veranstaltung den Wunsch, zu Hause weiter Musik machen zu wollen. Bei der Suche nach dem passenden Instrument helfen die Bremer Philharmoniker gerne. Übrigens muss es nicht immer gleich ein neu gekauftes sein. Eine Geige oder eine Trompete lassen sich schon für kleines Geld mieten.

TIPP: Im Pöks werden Kinder zwischen vier und zehn Jahren kostenlos für maximal zwei Stunden betreut, während die Eltern in der City shoppen. Kletterwand, Hüpfburg, Kicker, Maltisch, Leseecke und Workshops (mit Voranmeldung) lassen keine Langeweile aufkommen (geöffnet: Mi–Fr 12–18 Uhr, Sa 10–16 Uhr, www.bremen-city.de/poeks).

Adresse Pöks, Knochenhauerstraße 9, 28195 Bremen-Mitte // **ÖPNV** Linie 4, 6, 8 oder Bus 24, 25, Haltestelle Schüsselkorb // **Öffnungszeiten** Termine und Tickets auf www.bremer-philharmoniker.de unter »Musikwerkstatt« // 3 bis 6 Jahre

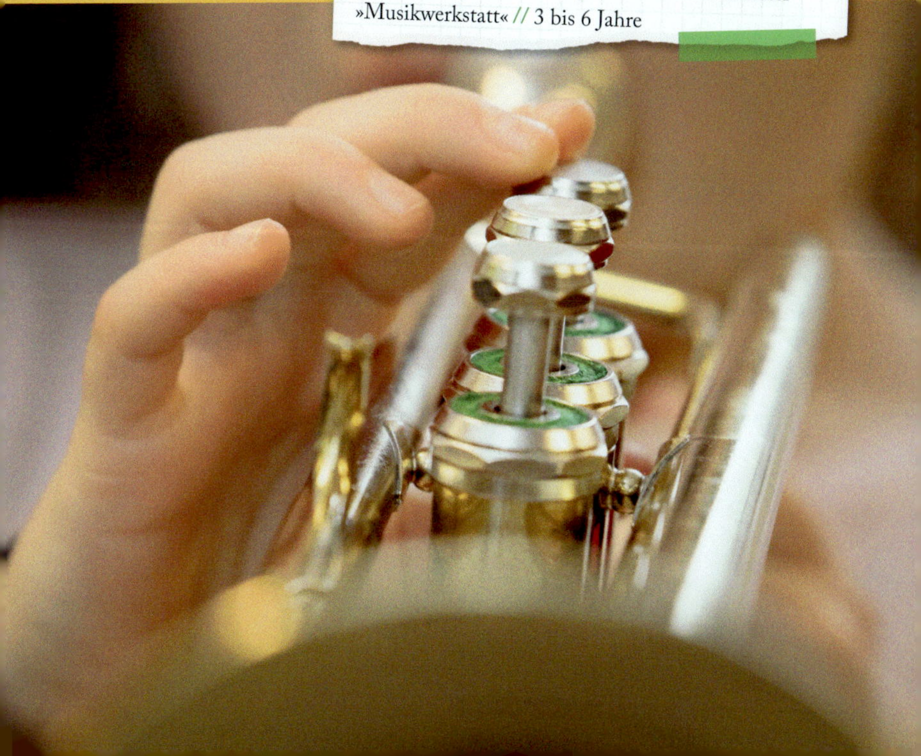

58_DER NATURLEHR- UND ERLEBNISPFAD

Baumxylophon und Barfußpfad

In Bremens grüner Lunge schimmert für Familien ein kleines Juwel: der Naturlehr- und Erlebnispfad im Stadtwald, der dazu anregt, die Natur mit allen Sinnen zu erleben. Er besteht aus 15 Stationen und drei weiteren Anlaufpunkten entlang eines drei Kilometer langen Rundwegs. Nimmt man die Abkürzung, ist er nur noch halb so lang und auch für kleine Füße zu bewältigen. Der Pfad mit den Enten-Wegweisern wurde 1999 angelegt unter dem Motto »Nur was der Mensch kennt, kann er schützen«. Seitdem pflegt und hegt ihn der Bürgerparkverein, damit noch viele Freude an ihm haben.

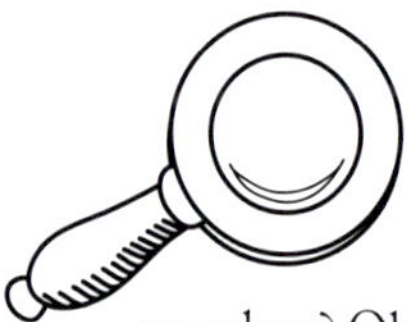

Schon die erste Station ist spannend für kleine Forscher: Mit einer Schöpfkelle können sie sich an einem Steg Wasser heraufholen und in ein Becherlupenglas umfüllen. Welche Wassertierchen sind unter der Lupe zu sehen? Ob Holz immer gleich klingt, finden Kinder heraus, wenn sie den »Schlegel« in die Hand nehmen und das Waldxylophon spielen. Für den Beobachtungsturm an Station 7 lohnt es sich, früher aufzustehen oder in den Abendstunden wiederzukommen, wenn sich Rehe und andere Stadtwaldbewohner auf die Lichtung wagen. Interessant ist der Totholzhaufen, in dem es bei genauerem Hinsehen sehr lebendig zugeht. Wie riecht das Holz? Wie fühlt es sich an? Was krabbelt da unter der Rinde? Hier halten sich Naturentdecker gerne länger auf. Ein weiterer schöner Zwischenstopp ist der Barfußpfad (Station 10), den Kinder am besten mit geschlossenen Augen an Mamas oder Papas Hand mit den Füßen erfühlen.

Adresse im Stadtwald, 28213 Bremen-Schwachhausen, Startpunkt ist vom Parkplatz an der Parkallee kommend neben der Finnbahn // **ÖPNV** Bus 22, Haltestelle Munte // **Öffnungszeiten** immer geöffnet, für die große Runde etwa 2 bis 3 Stunden einplanen, Plan zum Download unter www.buergerpark.de (Erleben, Natur- und Erlebnispfad) // ab 4 Jahre

TIPP: Bei schönem Wetter zeigt sich mit etwas Glück und Geduld eine Schildkröte, die im Kleinen Stadtwaldsee unterhalb des Aussichtsturmes lebt. Sie liebt es, auf einen Stein oder Baumstumpf zu kriechen und dort ein Sonnenbad zu nehmen.

59_DAS OLBERS-PLANETARIUM

Ich seh' den Sternenhimmel!

In die unendlichen Weiten des Weltalls schauen – das können kleine und große Sternengucker im Olbers-Planetarium, das seinen Standort im Gebäude der ehemaligen Seefahrtschule Bremen hat. 1952 eröffnet, entwickelte es sich zu einem der meistbesuchten Kleinplanetarien Deutschlands. Geleitet wird es seit vielen Jahren von dem Physiker und Astronomen Andreas Vogel, der schon als Kind ganz fasziniert von Sternen und Planeten war – eine Faszination, die ihn sein Leben lang begleitet und die er mit Freude an aufgeschlossene Besucher weitergibt.

Besonders von kleinen Forschern lässt sich Andreas Vogel gerne mit Fragen löchern. Nicht von ungefähr ist das Programm des Olbers-Planetarium zu einem beachtlichen Teil auf junge Besucher ausgerichtet. Regelmäßig findet unter dem Namen »Sternenhimmel für Jung und Alt« der Familiennachmittag statt. Im Winterhalbjahr ist Mittwochabend im Observatorium die Sternwarte geöffnet und im Sommer werden regelmäßig Sonnenbeobachtungen angeboten.

Beim »Sternenhimmel live für Kids« zeigt das digital an die Kuppel geworfene Bild den Sternenhimmel über Bremen, wie er zum jeweiligen Zeitpunkt aussieht. Die Reise führt durch das Sonnensystem, die Milchstraße und weit entfernte Galaxien. Spannenden Geschichten mit Sternenbezug lauschen bereits Kinder ab vier Jahren im Planetarium, andere Veranstaltungen werden für Besucher ab acht oder zehn Jahren empfohlen.

Adresse Werderstraße 73, 28199 Bremen-Neustadt // **ÖPNV** Linie 4, 6, 8 oder Bus 24, Haltestelle Wilhelm-Kaisen-Brücke // **Öffnungszeiten** nur zu den Veranstaltungen, Einlass 30 Minuten vor Veranstaltungsbeginn, Programm und Ticket-Reservierung unter www.planetarium-bremen.de, barrierefrei // ab 4 Jahre (je nach Programm)

TIPP: Im Bremer Umland finden Astronomie-Begeisterte einen weiteren interessanten Ort: das Telescopium-Lilienthal (Hauptstraße 1, 28865 Lilienthal). Auch von außen ist die Konstruktion des historischen Spiegelteleskops sehenswert (www.telescopium-lilienthal.de).

60_DIE OLDTIMER-GALERIE

Auto-Liebe rostet nicht

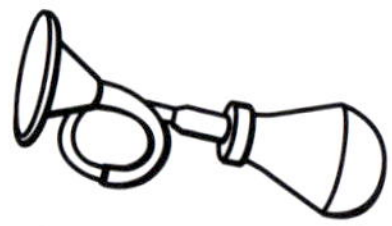

Bei den Kleinen fängt die Auto-Liebe mit dem Bobbycar an. Später, wenn sie mit ihren Eltern eine Tour unternehmen, beobachten sie genau, was da so über den Asphalt rollt. Beeindruckend sind natürlich die großen, bulligen Fahrzeuge. Aber auch Oldtimer üben eine Faszination auf Kinder aus, weil sie seltener im Straßenbild sind und anders aussehen als moderne Fortbewegungsmittel.

Im Schuppen Eins in der Überseestadt, dem Zentrum für Automobilkultur und Mobilität in Bremen, können sie Oldtimer von Nahem begucken: Über 60 Fahrzeuge aus allen Jahrzehnten sind dort an einem 150 Meter langen Boulevard geparkt – die meisten von ihnen dauerhaft. In den gläsernen Werkstätten werden die alten Schätzchen aus Chrom und Blech mit Hingabe restauriert.

Anfang Mai ist große Saisoneröffnung, die mit einer Veranstaltung für die ganze Familie gefeiert wird und auch den Außenbereich rund um den denkmalgeschützten Kaischuppen mit einbindet. Der Schuppen Eins ist kein Museum, dennoch wird hier Automobilgeschichte erlebbar gemacht. Bremen war immer eine Autostadt – man denke an Borgward, Lloyd, Goliath und Mercedes-Benz. Was einen Besuch so interessant macht, ist die Mischung aus Alt und Neu: Betagte Nutzfahrzeuge stehen neben auf Hochglanz polierten Rennmaschinen, zwischendrin alte Zapfsäulen und Mopeds. An gastronomische Angebote für den kleinen oder großen Hunger und Toiletten ist auch gedacht.

TIPP: Nach dem Schuppen-Eins-Besuch bietet sich bei schönem Wetter ein Bummel entlang der Europahafenpromenade an, gekrönt mit einer großen Kugel Eis von Bellissima (gibt's auch für Hunde).

Adresse Schuppen Eins, Konsul-Smidt-Straße 20–26, 28217 Bremen-Überseestadt // **ÖPNV** Linie 3, 5 oder Bus 20, 28, Haltestelle Konsul-Smidt-Straße; Bus 28, Haltestelle Schuppen 3 // **Öffnungszeiten** Mo–Fr 8–19 Uhr, Sa, So 10–19 Uhr, Infos: www.schuppeneins.de // ab 4 Jahre

61_DIE PAPPBOOTREGATTA

In der Pappe, fertig, los!

Jedes Jahr im Mai zieht ein nasses Spektakel die Schaulustigen nach Bremen-Nord. Bei der Vegesacker Pappbootregatta, die 2023 zum zehnten Mal ausgetragen wurde, treten Bootsbauer mit Schwimmkörpern aus Papier, Pappe oder Karton gegeneinander an. Im Becken des Museumshaven liefern sich pro Durchgang je zwei Teams mit ihren Pappgefährten ein spannendes Rennen auf der rund 200 Meter langen Strecke. Dabei zählen Schnelligkeit, vor allem aber Kreativität und Teamgeist.

Ob Regenbogenfisch, Riesenwurst oder Drachenboot – erlaubt ist, was zum Bremer Themenjahr passt und den Regeln des ausrichtenden Vereins »Maritime Tradition Vegesack Nautilus« entspricht. Sie besagen, dass das Boot maximal fünf Meter lang und 2,50 Meter breit sein darf. Farbe oder Lacke müssen umweltverträglich sein. Maximal zehn Personen treiben einen Schwimmkörper per Muskelkraft und Stechpaddel an. Ansonsten gilt: Wer schwimmen kann, darf an den Start gehen.

Mitunter kommt es vor, dass die Pappe vor dem Ziel aufweicht und das Team Schiffbruch erleidet. Dieses Risiko gehört zur Regatta dazu. Die DLRG ist deshalb immer in der Nähe. Am Ende gibt es Urkunden und je einen Wanderpokal mit einem Preisgeld pro Kategorie. Den Wanderpokal »Spezial-Pappi« vergibt die Jury an ein Team, das besonders positiv heraussticht. Das kann der beste Zusammenhalt, das geschickteste Manöver oder der spektakulärste Untergang sein. Nach der Regatta genießen nicht nur die Teams einen unterhaltsamen, musikalischen Ausklang bis Mitternacht.

TIPP: Unabhängig von der Pappbootregatta ist der Vegesacker Museumshaven mit seinen betagten Traditionsschiffen einen Ausflug wert. Am Hafenbecken befindet sich ein großer maritimer Spielplatz.

Adresse Museumshaven, 28757 Bremen-Vegesack // ÖPNV Zug oder Bus 90, 91, 92, 94, 95, 98, Haltestelle Bahnhof Vegesack // Öffnungszeiten der Museumshaven ist immer geöffnet, Infos zur nächsten Pappbootregatta unter www.mtv-nautilus.de

62_DIE PARKOUR-ANLAGE

An Hindernissen wachsen

Balancieren, laufen, klettern, springen, landen – Parkour ist eine vielseitige Sportart, die den gesamten Körper fordert. Kraft, Ausdauer, Beweglichkeit, Koordination und Mentalität sind gleichermaßen von Bedeutung. Im Überseepark auf der Anlage des Sportgarten e.V. kann man staunen, wenn Parkour-Erfahrene zeigen, was möglich ist – oder man legt selber los. Ein Aufwärmtraining ist wichtig, um die Muskeln und Gelenke vorzubereiten. Das Erlernen bestimmter Techniken dient nicht nur der Überwindung von Hindernissen, sondern beugt auch Verletzungen vor.

Zum Parkour unter fachkundiger Anleitung von Thilo treffen sich Kinder und Jugendliche zweimal die Woche im Rahmen eines offenen Angebots. Einfach vorbeikommen und mitmachen! Thilo beschreibt Parkour als individualisierten Sport, bei dem es darum geht, sich weiterzuentwickeln und in jeglicher Form immer ein bisschen besser zu werden. Die Teilnehmer suchen sich eigene Hindernisse und wachsen daran. Manchmal stellt man sich auch gemeinsamen Herausforderungen.

Sprünge werden erst am Boden geübt, bevor sie in luftiger Höhe gewagt werden. Eine gute Übung für den Anfang ist das gelenkschonende Landen. Thilo nennt seine Übung das »Froschen«. Wie ein Frosch hüpft man auf und ab, über flache Hindernisse, rauf und runter – sogar rückwärts. Später balanciert, erklimmt und überwindet man mit weiteren Techniken Mauern, springt auf und über Stangen, von einem Hindernis zum nächsten. Der Boden ist so beschaffen, dass Stürze gut abgefangen werden.

Adresse Überseepark, Am Winterhafen, 28217 Bremen-Überseestadt // ÖPNV Bus 28, Haltestelle Am Winterhafen; Bus 26, Haltestelle Silbermannstraße // Öffnungszeiten offenes Angebot: Di, Do 16–18 Uhr, Anlage jederzeit zugänglich, aktuelle Termine unter www.sportgarten.de // ab 8 Jahre

TIPP: Der Parkour-Bereich ist kein Spielplatz! Der liegt gegenüber der Anlage. Außerdem vor Ort befinden sich ein Skatepark, ein Basketballplatz und zwei Fußballfelder. Diverse Sportgeräte sind zu den Öffnungszeiten gegen Pfand am Container ausleihbar.

63_PIETJES BOOT

Strandfeeling im Sommer und Winter

Die Zehen in den Sand schieben, am Cocktail nippen und den Kiddies beim Buddeln und Spielen zuschauen. Dafür müssen Bremer Familien nicht unbedingt ans Meer fahren, denn Strandfeeling und traumhafte Sonnenuntergänge gibt es auch am Lankenauer Höft.

Im Sommer ist der Sandstrand mit Liegestühlen, Strandkörben, Daybeds und Hollywoodschaukeln ein chilliges Plätzchen mit Berieselungsanlage für eine angenehme Abkühlung. Auf »Pietjes Boot« mit Ausguck und Sandspielkiste besteht der Nachwuchs imaginäre See-Abenteuer, während die Erwachsenen alle viere von sich strecken. Snacks, Getränke und hausgemachte »Eiskreem« gibt es zur Selbstbedienung an den Buden oder Foodtrucks. Ach, würde der Sommer doch nie vergehen …

Wenn er es dann doch tut, ist das kein Grund zum Traurigsein, weil das Lankenauer Höft auch im Winter geöffnet ist. Zuvor durchläuft es jedoch eine Verwandlung, bei der unter anderem die Palmen durch Weihnachtsbäume ausgetauscht werden, und heißt danach »Winterwunderstrand«. Es ist festlich dekoriert. Vom großen Zelt aus schweift der Blick über die Weser und die Hafenanlagen. In beheizten Lounges nehmen die Gäste in bequemen Sesseln Platz, schlürfen Glühwein oder Kakao und essen warme Zimtschnecken oder Waffeln. Und wo die Kleinen schon mal in der richtigen Stimmung sind, schnappen sie sich die bereitliegenden Mal- und Bastelsachen, um einen Brief an den Weihnachtsmann zu schreiben. So entspannt kann die Vorweihnachtszeit sein.

TIPP: Das Lankenauer Höft ist ein schönes Ausflugsziel für eine Familien-Radtour entlang der Weser. Fahrräder dürfen auf der Weserfähre mitgenommen werden (www.weserfähre-bremen.de).

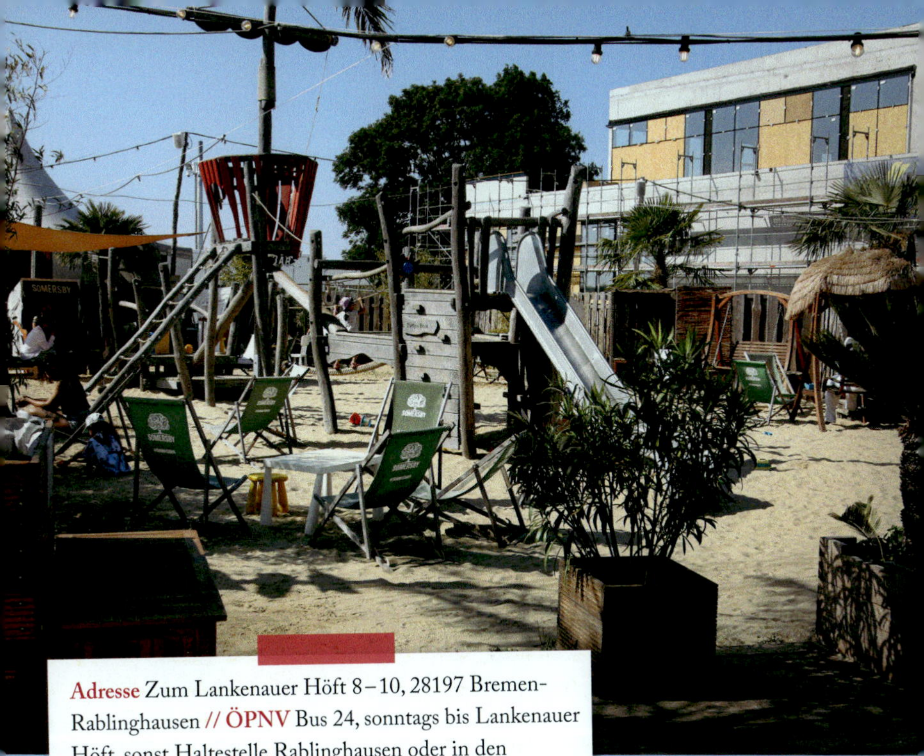

Adresse Zum Lankenauer Höft 8–10, 28197 Bremen-Rablinghausen // **ÖPNV** Bus 24, sonntags bis Lankenauer Höft, sonst Haltestelle Rablinghausen oder in den Sommermonaten am Wochenende mit der Weserfähre »Pusdorf« vom Anleger Molenturm/Überseestadt oder Pier2/Waterfront übersetzen // **Öffnungszeiten** siehe www.lankenauerhoeft.de

64_DIE PIRATENPARTY

Klar zum Pannekoekschip-Entern?

Dass es an Bord der »Admiral Nelson«, die ihren Dauerliegeplatz an der Schlachte hat, süße und deftige Pfannkuchen in allen erdenklichen Variationen gibt, ist schon lange kein Geheimtipp mehr. Dass Kinder dort eine coole Piratenparty feiern können, ist vielleicht noch nicht zu jedem durchgedrungen. Buchbar ist dieses rund zweistündige Arrangement für Kindergeburtstage von fünf bis zehn Personen (circa vier bis zehn Jahre).

Die Sause beginnt mit dem Empfang am Geburtstagstisch, der mit Malutensilien, Luftballons und der obligatorischen Ausrüstung eines echten Freibeuters dekoriert ist. Verkleidet und geschminkt erkunden die Piraten das Schiff. Weil so eine Besichtigung hungrig macht, geht es ran an die Pfannkuchen! Ob sie mit Nutella, Puderzucker oder Apfelmus verspeist werden, ist den Freibeutern ganz selbst überlassen.

Sind alle satt? Dann startet die Schatzsuche. Hierbei lösen die Kinder im Team Rätsel, um an den Schlüssel für die Schatztruhe zu gelangen. Wenn sie den Schatz gehoben haben, teilen sie die Beute selbstverständlich gerecht untereinander auf. Alter Piraten-Ehrenkodex!

Auch für einen Familienausflug ist das Pannekoekschip toll. Die Crew ist auf Kinder eingestellt. Auf Wunsch gibt es die Pfannkuchen auch laktose- und glutenfrei. Und weil auch Piraten mal müssen, verfügt das Schiff über eine Toilette und einen Wickeltisch – einzig barrierefrei ist es nicht.

Adresse auf der »Admiral Nelson«, Schlachte Anleger 1, 28195 Bremen-Mitte // ÖPNV Linie 2, 3, 4, 6, 8 oder Bus 24, 25, Haltestelle Domsheide, dann noch etwa 5 Minuten zu Fuß // Öffnungszeiten Mo–Fr, So 12–20 Uhr, Sa 11–21 Uhr, Piratenpartys oder Bankette nur nach Anmeldung (mindestens zwei Wochen vor Wunschtermin), Infos unter www.admiral-nelson.de // 4 bis circa 10 Jahre

TIPP: Leinen los! Von der Schlachte aus ab Martinianleger starten Weser- und Hafenrundfahrten, die man auch als Einheimischer mal gemacht haben sollte. Eine Besonderheit ist die Rundfahrt durch den alten Industriehafen, die nur an ausgewählten Terminen stattfindet (www.hal-oever.de).

65_DER PLATZ DER KINDERRECHTE

Ein Leuchtturm strahlt auf ganz Bremen

Kinder haben Rechte, beispielsweise auf elterliche Fürsorge, Bildung, Schutz vor Gewalt, aber auch auf Spiel, Freizeit und Erholung. Um die Kinderrechte stärker ins Bewusstsein zu rücken, startete im Jahr 2019 auf Initiative des Kinderschutzbundes Bremen ein besonderes »Leuchtturm-Projekt«: Am 20. November, genau 30 Jahre nachdem die Vereinten Nationen die Kinderrechtskonvention verabschiedet hatten, wurde im Bürgerpark mit einem Festakt der erste Bremische »Platz der Kinderrechte« eingeweiht.

Als Symbol für die Rechte der Kinder steht ein fünf Meter hohes, bekletterbares Spielgerät in Form eines Leuchtturms mit einer Rutsche und einer Rutschstange neben dem erneuerten Seilzirkus. Eine Schautafel klärt über die Kinderrechte auf, die 2021 in der Bremer Landesverfassung gestärkt wurden, aber immer noch nicht im Grundgesetz verankert sind.

Der Leuchtturm auf dem Spielgelände im Bürgerpark ist erst der Anfang und soll auf ganz Bremen und darüber hinaus strahlen. Im Juni 2022 wurde in Huchting der zweite Bremer »Platz der Kinderrechte« seiner Bestimmung übergeben. Er befindet sich auf dem Gelände der Gewoba an der Heinrich-Plett-Allee. Für die Gestaltung des Platzes hatten der Kinderschutzbund und das KUBO viele kreative Unterstützer gewinnen können, allen voran die Huchtinger Kinder und Jugendlichen. Auch in den anderen Stadtteilen sollen nun nach und nach Plätze für die Kinderrechte entstehen, als Nächstes im Bremer Westen.

Adresse Hollerallee 99, 28215 Bremen-Findorff // ÖPNV Linie 5 oder Bus 26, 27, Haltestelle Bürgerpark, von dort aus 3 Minuten zu Fuß // Öffnungszeiten jederzeit frei zugänglich, mehr Infos: www.platz-der-kinderrechte-bremen.de

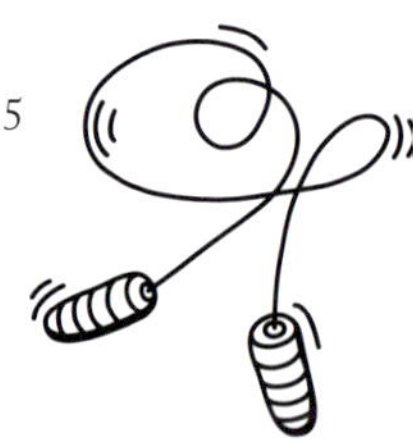

TIPP: Jedes Jahr im Spätsommer findet vor dem Parkhotel »Musik und Licht am Hollersee« statt – ein Klassik-Konzert bei Fackelschein mit anschließendem Höhenfeuerwerk. Als Schluss-Ritual singen alle Besucher gemeinsam das Lied »Der Mond ist aufgegangen«. Ein Gänsehautmoment! (www.musikundlichtamhollersee.de)

66_DER PUPPEN-DOKTOR POPP

Retter von Puppen und Plüschtieren

Werden Puppen und Teddys innig geliebt, sieht man ihnen das an. Sie sind treue Begleiter, an denen Kindheitserinnerungen haften. Gehen sie kaputt, bricht für ihre Besitzer eine kleine Welt zusammen. Doch zum Glück gibt es jemanden, der sich damit auskennt, und das seit über 25 Jahren: Oliver Popp und seine Frau Kornelia betreiben auf ihrem Resthof in Bassum ein emotionales Geschäft, das zwar nicht reich, aber glücklich macht: »Puppendoktor« steht auf dem Schild. Ein aussterbendes Handwerk, weshalb das Paar Notrufe aus ganz Deutschland erreichen.

In ihrer Privatklinik geben die beiden ihr Bestes, um Puppen- und Kuscheltierleben zu retten. Damit am Ende Kinderaugen wieder lachen, durchkämmt Oliver Popp schon mal Stunden sein großes Ersatzteillager, um ein passendes Bein zu finden. In den Regalen reihen sich Kästen mit diversen Puppenteilen aneinander, sortiert nach Art, Größe und Hersteller. Popps Herz schlägt für alte Puppen, wie die von Käthe Kruse oder Schildkröt, aber auch neueren nimmt er sich an, vorausgesetzt sie sind nicht verschweißt.

Gerne zeigt der Puppendoktor seinen Besuchern die Werkstatt und erklärt, was es dort alles zu sehen gibt. Operiert wird immer ohne Zuschauer – aus einleuchtenden Gründen. Muss er doch des Öfteren eine Puppe zunächst auseinandernehmen, um sie überhaupt reparieren zu können. Das Gleiche gilt für Plüschtiere, das Spezialgebiet von Kornelia Popp. Sie kümmert sich auch um die authentische Kleidung und Haarpracht.

TIPP: Nicht nur alte Puppen und Teddys, auch die Lieblingsbücher der Eltern oder Großeltern haben einen hohen ideellen Wert. Die Bremer Buchbinderin Birgit Drücker macht sie in ihrer Buchwerkstatt wieder hübsch (www.buchwerkstatt-bremen.de).

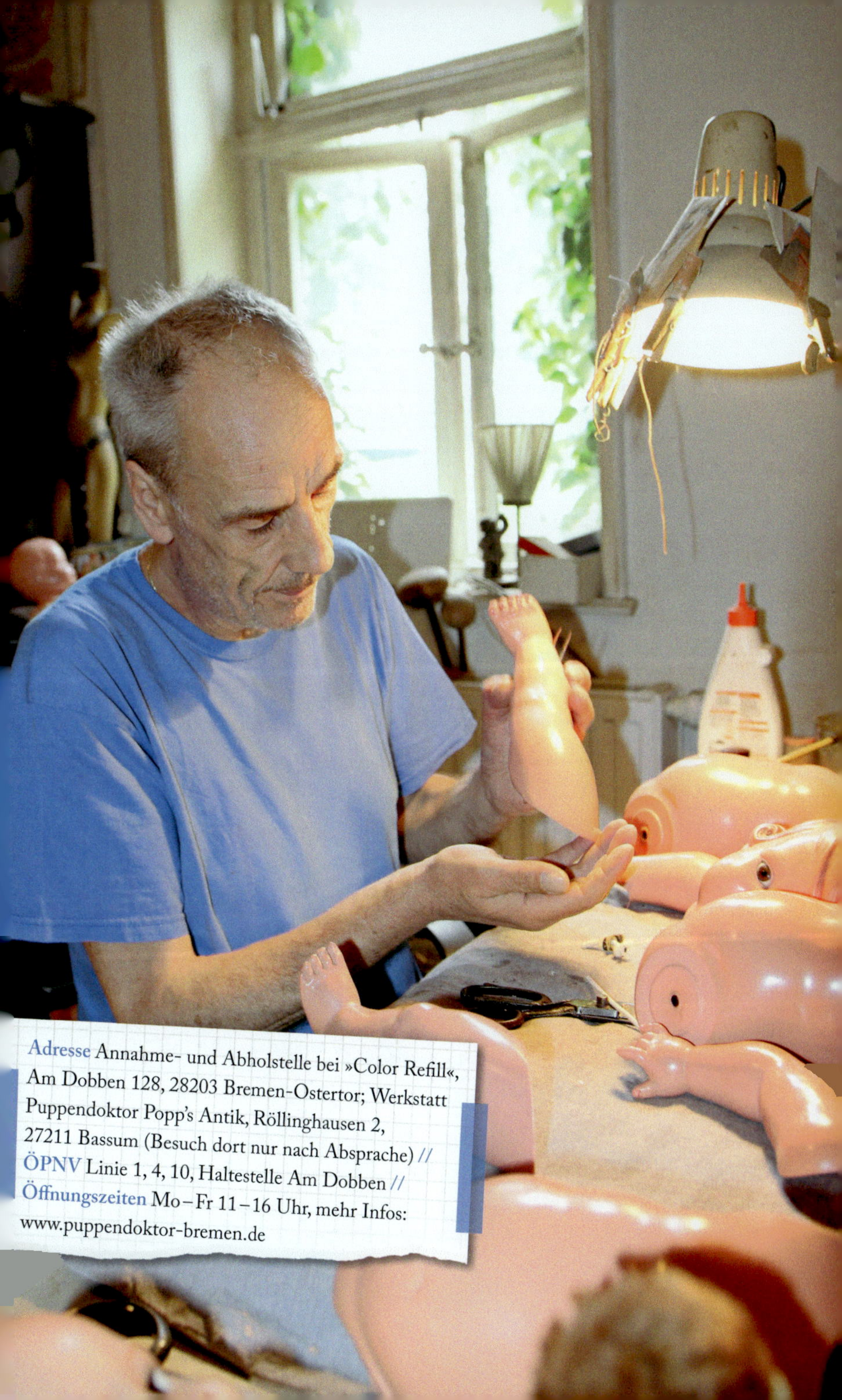

Adresse Annahme- und Abholstelle bei »Color Refill«, Am Dobben 128, 28203 Bremen-Ostertor; Werkstatt Puppendoktor Popp's Antik, Röllinghausen 2, 27211 Bassum (Besuch dort nur nach Absprache) // **ÖPNV** Linie 1, 4, 10, Haltestelle Am Dobben // **Öffnungszeiten** Mo–Fr 11–16 Uhr, mehr Infos: www.puppendoktor-bremen.de

67_DAS REPARATUR-CAFÉ

Wegwerfen? Von wegen!

Kinder begreifen die Welt mit ihren Händen. Dass dabei einiges zu Bruch geht, lässt sich nicht vermeiden. Aber warum gleich wegschmeißen und neu kaufen, wenn der Kopfhörer vielleicht noch zu retten ist? In vielen Bremer Stadtteilen haben sich Repair-Cafés etabliert, um im Sinne der Nachhaltigkeit kaputten Dingen eine zweite Chance zu geben. Es wird gegrübelt, geschraubt, gelötet und getestet – und erst, wenn wirklich gar nichts mehr hilft, der Tod des Patienten festgestellt.

Die Kinder lernen hierbei eine Menge: Sie erfahren, dass es Mittel und Wege gibt, etwas Kaputtes wieder heile zu machen und somit Geld zu sparen und Ressourcen zu schonen. Das benötigte Werkzeug steht im Reparatur-Café zur Verfügung. Mit etwas Hilfe können die Kids den mitgebrachten Gegenstand selbst auseinandernehmen und sich auf Fehlersuche begeben. So entwickeln sie ein Verständnis für technische Zusammenhänge. Im Idealfall haben sie an der Tüftelei mächtig Spaß, halten hinterher ein wieder funktionierendes Gerät in der Hand und wissen beim nächsten Mal, wie es geht.

Nicht nur Elektro-Sachen bekommen in der KlimaWerkStadt eine zweite Chance; Fahrräder und Kleidungsstücke ebenso. Einfach vorbeikommen, einen Zettel für die Anmeldung ausfüllen, was genau repariert werden soll, und dann geht es mit ehrenamtlicher Unterstützung ans Eingemachte. Nach erfolgreicher Reparatur darf eine Spende dagelassen werden.

Adresse KlimaWerkStadt, Westerstraße 58, 28199 Bremen-Neustadt // ÖPNV Linie 1, 8 oder Bus 24, 26, 27, 63, Haltestelle Westerstraße // Öffnungszeiten Reparatur-Café Mi 17–20 Uhr, Annahme bis 19 Uhr, Infos: www.klimawerkstadt-bremen.de; weitere Repair-Cafés: www.repaircafe-bremen.de // ab 14 Jahre (oder in Begleitung)

TIPP: Samstags von 11 bis 14 Uhr ist der Materialfundus der KlimaWerkStadt zugänglich. Nähmaschinen stehen zur individuellen Nutzung bereit, oder das eigene Bastel- oder Bauprojekt kann verwirklicht werden. Donnerstags von 17 bis 19 Uhr gibt es eine offene Holzwerkstatt.

68_DIE RIESENRUTSCHE

Wer knackt den Zeitrekord?

Wer die Kinder auf die Riesenrutsche im Südbad lässt, sollte Zeit mitbringen. Viel Zeit. Denn das Runtersausen auf der 72 Meter langen Tunnelrutsche mit Himmelblick macht Spaß – sowohl den Jüngeren als auch den Älteren. Erst recht, wenn die Zeitmessanlage anzeigt, dass der Tagesrekord fast geknackt ist. Das weckt den Ehrgeiz, es noch mal zu versuchen. Auf der Tafel erscheint neben der eigenen Rutschzeit und Tagesbestzeit auch der aktuelle Rekord. Und der lag schon bei sagenhaften 8,08 Sekunden!

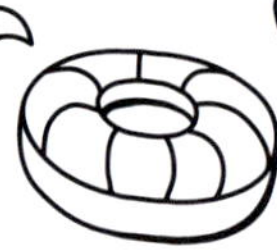

Von einer Art festem Hocker aus geht es bei grüner Ampel mit möglichst viel Schwung in die Röhre. Die ersten Kurven der mehr als sieben Meter hohen Rutsche sind noch relativ harmlos, doch man nimmt schon ordentlich Fahrt auf. Schaukelig wird es in der letzten Kurve, bevor die Rutschpartie im großzügigen Auslaufbecken endet. »Minis« nehmen die Regenbogenrutsche im Eltern-Kind-Becken.

TIPP: Für Abwechslung beim Rutschvergnügen: Im Horner Bad landen mehrere Kinder nebeneinander auf einer welligen Breitrutsche im kühlen Nass. Eine 80 Meter lange Riesenrutsche geht es im Schlossparkbad Sebaldsbrück hinab. Diese beiden Rutschen sind aber nur was für die Freibadsaison.

Fun-Fact zur Riesenrutsche: Diese war am 6. August 2011 Teil eines Weltrekordversuchs im 24-Stunden-Distanzrutschen, an der insgesamt 24 Bäder in Deutschland teilnahmen. Etwa alle 30 Sekunden landete jemand im Auslaufbecken der Südbad-Rutsche. 190 Personen schafften zusammen 59,968 Kilometer und trugen somit zum erfolgreichen Ergebnis bei: Mit insgesamt 7.841 gerutschten Kilometern in nur 24 Stunden toppte Deutschland den Weltrekord der USA um mehr als 2.000 Kilometer.

Adresse Südbad, Neustadtswall 81, 28199 Bremen-Neustadt // **ÖPNV** Linie 4, 6, Haltestelle Theater am Leibnizplatz // **Öffnungszeiten** Mo – Fr 6.30 – 21 Uhr (Kasse ist ab 8 Uhr besetzt), Sa, So 10 – 20 Uhr, in den Sommerferien bis 18 Uhr, mehr Infos unter www.bremer-baeder.de // ab 6 Jahre

69_ROTKÄPPCHENS GARTEN

Säen, gießen und ernten am Rembertikreisel

»Rotkäppchens Garten«, der ursprünglich im Viertel auf dem brachliegenden Grundstück des ehemaligen Kult-Lokals »Rotkäppchen« angelegt worden war, hat im Jahr 2022 einen neuen Standort bekommen: Der urbane Pop-up-Gemeinschaftsgarten wurde an den gerade einmal 500 Meter entfernten Rembertikreisel »umgepflanzt«. Das Konzept des »Stadtgartens« bleibt so grün, offen und familienfreundlich wie bisher: Vom Samenkorn über die ersten zarten Triebe bis zum erntereifen Gemüse erleben Kinder und Jugendliche das biologische Gärtnern mit allen Sinnen – ohne Pestizide und künstlichen Dünger.

Um den Ort attraktiv zu gestalten, packen alle beherzt mit an: Gartenmöbel, aber auch Hochbeete und Co. werden aus gespendeten Materialien zusammengeschraubt und phantasievoll bemalt. Und weil Nachhaltigkeit für den Verein keine leere Worthülse ist, betreibt er auf dem Gelände sogar eine eigene Kompost-Toilette, die zu den Veranstaltungen geöffnet ist.

TIPP: Wer noch mehr Stadt-Gartenluft schnuppern möchte – »Ab geht die Lucie!« auf dem Lucie-Flechtmann-Platz in der Neustadt hat eine Kindergruppe, die sich regelmäßig trifft (www.lucie-bremen.de).

Jeder, der sich gärtnerisch, kreativ oder anderweitig einbringen möchte, ist im »Stadtgarten« gerne gesehen. Es finden regelmäßig Veranstaltungen für die ganze Familie statt. Dazu gehören Konzerte, Puppentheater, Lesungen und Kindernachmittage. »Rotkäppchens Garten« ist übrigens nur eines von mehreren urbanen Gartenprojekten in Bremen, für die sich Familien in der Freizeit ehrenamtlich engagieren können.

Adresse Gründreieck am Rembertiring, 28203 Bremen-Ostertor // **ÖPNV** Linie 10, Haltestelle Humboldtstraße, der Straße Auf den Häfen folgen // **Öffnungszeiten** immer geöffnet, aktuelle Veranstaltungen unter www.rotkaeppchens-garten.de oder bei Instagram

70_RUND UMS WESERWEHR

Nasses in Bewegung

Das Weserkraftwerk in Hastedt am Weserwehr ist das derzeit größte gezeitenabhängige Wasserkraftwerk Deutschlands. Obwohl die Weser dort bloß einen Höhenunterschied von bis zu sechs Metern hat, reicht dies aus, um mehr als 15.000 Bremer Haushalte mit Strom aus Wasserkraft zu versorgen. Wie das technisch funktioniert, verdeutlichen Infotafeln bei einem Spaziergang am Weserwehr. Für Kinder ist es faszinierend zu sehen, wie die Wassermassen durch das Wehr rauschen. Von der langen Brücke aus, auf der man das gesamte Wehr überqueren kann, verfolgen sie die Wasserwege an mehreren Stationen aus sicherer Entfernung.

Kormorane, Möwen, Enten und Reiher halten sich oft in der Nähe des tosenden Wassers auf. Ein Schutzsystem ermöglicht den gefahrlosen Auf- und Abstieg der Fische in der Weser.

Das Weserwehr ist ein Ort, an dem man sich lange aufhalten kann. In der Nähe befinden sich ein umzäunter, großzügiger Spielplatz, ein Outdoor-Fitnessbereich sowie ein Lokal mit Biergarten. Auf der anderen Seite des Wehrs gibt es noch mehr zu sehen: Dort können Kinder zugucken, wie Binnen- und Sportschiffe in die Schleuse gelangen, wie der Wasserpegel in der Schleuse sinkt oder steigt und wie die Schiffe danach auf der anderen Seite wieder herausfahren. Wer das Weserwehr im Rahmen einer Radtour eingeplant hat, kann auf dem Wehrweg und der Wehrstraße gemütlich weiterradeln und bei den Fischtreppen die nächste Rast einlegen (Handtücher und Wechselklamotten einpacken!).

TIPP: Direkt am Weserwehr hat der BUND einen Insektenschaugarten angelegt. Hier erhalten Besucher einen Einblick in die Welt von Käfern, Wildbienen, Schmetterlingen und Co. sowie Tipps und Anregungen, wie man Lebensräume für Insekten im heimischen Garten schafft (Führungen unter www.bund-bremen.net).

Adresse Hastedter Osterdeich, 28207 Bremen-Hastedt // ÖPNV Linie 3 oder Bus 40, 41, 42, Haltestelle Weserwehr // Öffnungszeiten immer geöffnet

71_DER SAMBA-KARNEVAL

So bunt und lebensfroh ist Bremen

Moment mal, Bremen? Wird Samba-Karneval nicht in Rio gefeiert? Ja, das stimmt, aber eben auch in Bremen. Und das sollte man unbedingt miterleben! Traditionell findet der Festumzug im Februar statt. Pandemiebedingt hat es einen Sommer-Karneval gegeben, und 2023 feierten die Bremer ihren Samba-Karneval im April bei herrlichstem T-Shirt-Wetter.

Anders als in Aachen oder Kölle wird bei uns nicht mit Kamelle geworfen, und es rollen auch keine wummernden Boxen auf Festwagen durch die Straßen. Der Samba-Karneval in Bremen ist bunt, vielfältig, mittendrin und sprüht vor Kreativität und Lebensfreude. Auf Augenhöhe sowie auf Stelzen verzaubern fabelhafte Wesen ihr Publikum: prächtige Schmetterlinge, Paradiesvögel, üppige Blüten und Maskierte wandeln umher – jedes Kostüm ein Unikat.

Das Schöne ist, dass die Veranstaltung nicht nur ein Augenschmaus ist. Vielmehr geht es den Künstlern um die Begegnungen. Spontan wird man zum Mittrommeln aufgefordert. Es wird ausgelassen getanzt und gefeiert. Dazu gibt es Bühnenprogramm, Walk-Acts, Gesang und Akrobatik.

Seine Geburtsstunde hatte der Bremer Karneval am 15. Februar 1986 im Viertel. Heute zählt er zu den größten Samba-Karnevalsumzügen in Europa mit mehr als 1.000 Teilnehmern. Zu verdanken hat die Stadt ihn der Schweizerin Janine Jaeggi und dem unermüdlichen Team der Initiative Bremer Karneval. Sie haben das Rio-Gefühl zu uns gebracht und tun dies jedes Jahr aufs Neue mit Herzblut und vielen ehrenamtlichen Helfern.

TIPP: Einen Anlass braucht es nicht, damit sich Kinder verkleiden. Kostüme zum Ausleihen finden sie bei Kostümwelt Bremen in der Alfred-Nobel-Straße 7A. Schminke, Accessoires, Masken und Zubehör gibt es im Shop (geöffnet: Mo, Di, Do, Fr 14–19 Uhr und Sa 10–14 Uhr, www.kostümwelt.de).

Adresse an wechselnden Orten in der Bremer Innenstadt, zum Beispiel auf dem Domshof, 28195 Bremen-Altstadt // **ÖPNV** Tagesfahrplan wegen Umleitungen und Einschränkungen beachten // **Öffnungszeiten** aktuelle Infos und Termine auf www.bremer-karneval.de, Spenden willkommen // ab 3 Jahre

72_DER SAMENSPENDER

Mit einem Euro Bienen beglücken

Münze rein, Saatgut raus – so sieht aktiver Insektenschutz aus! Der »Bienenretter« und Initiator Jonte Mai imkert seit seinem siebten Lebensjahr, und das, obwohl die Stiche für ihn gefährlich werden können. Dennoch setzt sich der Teenager leidenschaftlich für die Bienen und andere Insekten ein – mit alten Kaugummi- und Kondomautomaten, die er zu Saatgutspendern umbaut und regelmäßig auffüllt.

Ein »SamenSpender« hängt seit 2021 am Zaun des urbanen Landwirtschaftsprojekts »Gemüsewerft« in der Überseestadt. Wer dort spazieren geht und einen Euro in der Tasche hat, kann sich am ehemaligen »Lümmeltüten«-Automaten eine Blühmischung ziehen und diese dann im eigenen Garten oder auf dem Balkon aussäen. So lässt sich laut Jonte nachhaltig aktiv etwas gegen das Insektensterben unternehmen. Der Erlös aus seinem Projekt »Naturschutz2go« fließt in diverse Natur-, Klima- und Umweltprojekte.

Auf Jontes Internetseite gibt es den Link zu einer Karte mit allen aktuellen Automaten-Standorten in Bremen, aber auch in Berlin, Bonn und anderswo. Dank seiner kostenlosen Bauanleitung kann jeder selbst mit relativ wenig Aufwand einen Automaten zusammenzimmern, aufstellen und die fruchtbare Idee weiterverbreiten. Jonte gibt aber auch Workshops für interessierte Kinder und Jugendliche, etwa auf der Breminale. Für sein Engagement wurde der Bremer mehrfach mit Preisen ausgezeichnet, darunter mit dem Deutschen Kinder- und Jugendpreis 2022. Weiter so, Jonte!

TIPP: Unweit der Gemüsewerft lockt das »Zio Manu di Napoli« mit echter neapolitanischer Pizza und köstlichen Pasta-Gerichten. Buon Appetito! (www.ziomanu.de)

Adresse vor der Gemüsewerft, Auf der Muggenburg 11, 28217 Bremen-Überseestadt // **ÖPNV** Linie 3, 5 oder Bus 20, Haltestelle Europahafen plus 3 Minuten Fußweg // **Öffnungszeiten** immer zugänglich, www.naturschutz2go.de // ab 5 Jahre

73_DER SCHAUKANAL

Eine Stadt unter der Stadt

Helm auf und Kopf einziehen – im Schaukanal des Alten Pumpwerks wird es eng. Für Kinder ist es keine sportliche Herausforderung, durch den 1,50 Meter hohen, eiförmigen Gang zu klettern – für Erwachsene schon, sie können aber auch den Umweg nehmen. Schmutzig ist es im Kanal nicht. Er wurde gemauert, um den Besuchern zu zeigen, wie bis ins letzte Jahrhundert die großen Bremer Abwasserkanäle gebaut wurden. Ein paar »Kanalbewohner« sind dort auch versteckt.

Als Nächstes geht es in den bunt beleuchteten unterirdischen Pumpensumpf von 1915, durch den das Abwasser einst dem Pumpwerk zulief und durch trompetenförmige Rohre in die Pumpen gesaugt wurde. Über einen Steg, den es früher nicht gab, gelangt man bis zum anderen Ende und von dort in eine Ausstellung über die Arbeitswelt der Stadtentwässerung. Mit welchen Instrumenten wurde damals gearbeitet und gerechnet? Wie funktionierte eine Schreibmaschine? Das können Besucher selbst ausprobieren. Im Keller gibt es noch mehr zu entdecken, darunter einen Spiegel, mit dem man Hindernisse im Kanal ausmachen konnte und ein großes Schlauchboot.

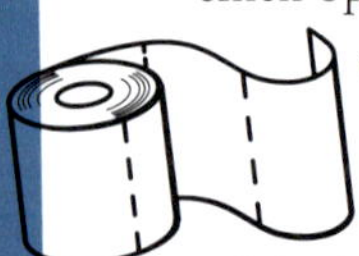

Die Treppe rauf geht es zu den historischen Pumpen in der Maschinenhalle, die 80 Jahre lang ihre Dienste taten und original erhalten sind. Interessant ist auch die Toiletten-Ausstellung, die zeigt, wie sich das stille Örtchen im Laufe der Zeit verändert hat. Das kleine oder große Geschäft verrichtet man im Museum auf der Besuchertoilette – mit hochmodernem Wasserhahn.

Adresse Altes Pumpwerk, Salzburger Straße 12, 28219 Bremen-Findorff // ÖPNV Bus 26, Haltestelle Dithmarscher Freiheit, Zugang nur über Salzburger Straße möglich // Öffnungszeiten in der Regel jeden 1. So im Monat 15-18 Uhr (Führung um 16 Uhr eher für ältere Kinder), Kinderführungen möglich, Infos unter: www.altespumpwerk.de, um Spenden wird gebeten // ab 6 Jahre

TIPP: Das Alte Pumpwerk beteiligt sich regelmäßig am »Maus-Türöffnertag« der »Sendung mit der Maus«, der jährlich am 3. Oktober stattfindet. Auf www.wdrmaus.de kann man checken, welche besonderen Türen sich an diesem Tag sonst noch für neugierige Mäuse öffnen.

74_DAS SCHLECKS

Eis-Experimente auf dem kalten Stein

Zauberschleck, Krümel Monster oder Knister Sister? Bei »Schlecks« stehen kleine Eisfans vor einem echten Problem: Sie können sich einfach nicht entscheiden! Denn neben den Kinder-Eiskreationen des Hauses gibt es die Möglichkeit, sich das Eis ganz nach Gusto zusammenmixen zu lassen. Deshalb macht es Sinn, sich die Karte zu besorgen oder schon zu Hause online anzugucken, aus den rund 100 (!) Zutaten die Favoriten auszuwählen und (ohne Witz!) eine Liste zu schreiben.

Bei den Eissorten ist die Auswahl ja noch übersichtlich: Da wären etwa Vanille, Schokolade, Erdbeere, aber auch solch außergewöhnliche Sorten wie Salted Caramel oder Mohn-Marzipan. Es gibt immer eine neue Monatssorte. Veganer werden im »Schlecks« mit Schoko und Vanille fündig.

Soll es salzig, süß oder sauer schmecken? Salzig-süß oder doch lieber süß-sauer? Zu den verrücktesten Eiszutaten zählen Ahoibrause, Salzbrezel und Chili. Man kann sein Eis auch mit Früchten, Toppings, Saucen, Gewürzen, Gebäck und saisonalen Zutaten »pimpen«. Shakes, Cookie-Sandwiches und andere originelle Kreationen warten darauf, probiert zu werden. Neu im Programm sind Eistorten für Geburtstagsfeiern.

Schon das Zuschauen beim Zusammenmischen des Eises lässt das Wasser im Mund zusammenlaufen: Die gewünschten Zutaten werden auf eine kalte Steinplatte gespachtelt, miteinander vermengt, in die verzierte Waffel gefüllt und dekoriert. Die jüngsten Schleckermäulchen bekommen eine Mini-Eisportion in der Baby-Waffel. Auf die Plätze, fertig, schleck!

Adresse Vor dem Steintor 143, 28203 Bremen-Steintor // ÖPNV Linie 2, 3, 10, Haltestelle Brunnenstraße // Öffnungszeiten Mo–Do 14–20 Uhr, Fr–So 13–21 Uhr (Zeiten können sich saisonbedingt ändern, pausiert in den Wintermonaten), www.schlecks.com/bremenviertel

TIPP: Das Viertel ist so bunt wie eine Eistüte! Bei einem Schlich durch den Stadtteil gibt es jede Menge Streetart zu entdecken, zum Beispiel Paradiesvögel (Ecke Vor dem Steintor/Grundstraße), eine Meerjungfrau (Hollerstraße) oder ein Einhorn im Zauberwald (Poststraße).

75_DAS SCHULMUSEUM BREMEN

Gerade sitzen, Ohren spitzen!

Wie haben Kinder die Schule vor rund 120 Jahren erlebt? Welche Kleidung trugen sie? Was gab es zum Frühstück? Wie sah der Alltag in den Familien aus? Im Schulmuseum Bremen, das in einem Schulgebäude untergebracht ist, in dem seit 1904 Unterricht stattfindet, werden diese Fragen lebendig beantwortet. Angemeldete Gruppen ab zehn Personen tauchen während einer Unterrichtsstunde im historischen Klassenzimmer in die Schulzeit um 1900 ein. Sie drücken die Schulbänke, üben sich im Schreiben mit Griffel und Schiefertafel und erfahren, was es mit dem berüchtigten Stock der Lehrer auf sich hatte.

Das Klassenzimmer und zahlreiche Exponate wie Rechenmaschinen, physikalische Apparate, Tierpräparate, Fibeln, farbige Wandbilder, alte Ranzen, Schulutensilien, Briefe, Fotos und Zeitzeugenberichte lassen sich auch ohne eine Führung erkunden. Vielleicht haben ja Oma und Opa Lust, mit ins Museum zu kommen und von ihrem damaligen Schul- und Familienalltag zu berichten. Sie werden manches wiedererkennen, und wer weiß, was für Erinnerungen solch ein Besuch bei ihnen wachkitzelt.

Auch die Kindheit und Jugend im Nationalsozialismus, im Zweiten Weltkrieg und in der Nachkriegszeit wird im Schulmuseum anschaulich thematisiert. 1941 wurde ein Erdbunker auf dem Schulgelände gebaut. Er ist der einzige dieser Art, der in Bremen besichtigt werden kann. Taschenlampen können sich Besucher an der Kasse ausleihen. Bei der Rückgabe locken Süßigkeiten in den Shop – wie einst im Krämerladen.

TIPP: Der tolle Spielplatz auf dem Schulgelände gehört nicht zum Museum. Dennoch sollte man dafür genügend Zeit einplanen. Im Sommer bitte Wechselsachen nicht vergessen (Wasserpumpe!).

Adresse Auf der Hohwisch 61–63, 28207 Bremen-Hastedt // **ÖPNV** Linie 3, Haltestelle Hohwisch; Linie 2, 10, Haltestelle Ludwig-Quidde-Straße // **Öffnungszeiten** Mo, Di, Fr 9–14 Uhr, Mi, Do 9–16 Uhr und nach Vereinbarung, www.schulmuseum-bremen.de // ab 6 Jahre

76_DIE SCIENCE CLIQUE

Coole Experimente mit Aha-Effekt

Das Universum Bremen hat 2022 einen Experimentierklub ins Leben gerufen. »isso?! Eure Science Clique im Universum®« trifft sich jeden Dienstagnachmittag, um alltäglichen Phänomenen auf den Grund zu gehen: Wie verhält sich Wasser in einem Vakuum? Was lässt sich in einer Molekularküche zubereiten? Und was passiert im Ohr, wenn wir Musik hören? Forscherkids zwischen zehn und 14 Jahren finden es heraus – und haben dabei viel Spaß! Das Angebot ist kostenlos, eine Anmeldung ist jedoch erforderlich.

Jedes Vierteljahr findet sich eine neue Gruppe zusammen, um ein spannendes Thema aus Wissenschaft und Technik von allen Seiten zu beleuchten. So gab es schon die Schwerpunkte »Wie aus Bits Beats entstehen« und »Vom Eiszapfen zum Raketenantrieb: Was Wasser alles kann«. Die Kinder sind von Beginn an aktiv dabei: Sie überlegen gemeinsam, mit welchen Experimenten sie beginnen, wen sie zu einer Thematik interviewen möchten und ob ein Ausflug zu einem Institut dabei hilft, die Hintergründe besser zu verstehen.

Wer gerne experimentiert, konstruiert und auch mal mit ungewöhnlichen Materialien hantiert, ist in der Science Clique richtig. Die mehr als 300 Mitmach-Stationen im Universum bieten den Forschenden die perfekte Spielwiese. Natürlich stehen die Exponate auch allen anderen Gästen zur Verfügung, genau wie die Wind- und Wasser-Experimente im Außenbereich und jährlich wechselnde Sonderausstellungen. Verpassen sollte man auch nicht die Science Shows, die täglich um 12 und 15 Uhr starten.

TIPP: Bock auf noch mehr Wissenschaft? In der Bremer Kinder-Uni forschen Wissenschaftler mit Kindern zwischen acht und zwölf Jahren. Da die Workshops in den Osterferien rasch ausgebucht sind, am besten frühzeitig anmelden (www.uni-bremen.de/kinderuni).

Adresse Universum, Wiener Straße 1a, 28359 Bremen-Horn-Lehe // ÖPNV Bus 22, 28, Haltestelle Wiener Straße; Linie 6, Bus 21, 22, 28, 31, Haltestelle Universität-Süd, noch 5 Gehminuten entlang der Universitätsallee // Öffnungszeiten Science Clique Di 16.30–18.30 Uhr, Infos zur Anmeldung unter www.universum-bremen.de (Veranstaltungen), reguläre Öffnungszeiten: Mo–Fr 9–18 Uhr, Sa, So und an Feiertagen jeweils 10–18 Uhr // Science Clique: ab 10 bis 14 Jahre

77_DER SEENOTKREUZER

»Mann über Bord!« – Rettungseinsatz am Computer

Mehr als 1.000 Menschen hat »Paul Denker« in seinen rund 40 Dienstjahren aus Seenot und gefährlichen Situationen geholt. Heute liegt der Seenotrettungskreuzer auf dem Trockenen: In einem Innenhof des Focke-Museums kann er nicht etwa nur hinter Glas bestaunt, sondern zu bestimmten Zeiten auch bestiegen werden. Die Treppe rauf geht es an Deck des ersten ganz aus Aluminium gebauten Seenotkreuzers der Deutschen Gesellschaft zur Rettung Schiffbrüchiger.

Wie fühlt es sich an, am hölzernen Steuerrad zu drehen und sich dabei vorzustellen, auf dem offenen Meer unterwegs zu sein? Für Landratten und Leichtmatrosen ist aber auch das Innere des Schiffes interessant. Ganz schön eng hier. Und dennoch ist auf wenigen Quadratmetern Raum alles vorhanden, was man zum Navigieren auf hoher See so braucht. Kinder dürfen in die Rolle eines Seenotretters schlüpfen und im Fahrstand eine Rettungsfahrt am Computer simulieren. Der Clou: Unter dem Motto »Aus Sturm und Not« werden die Besucher an vielen Wochenenden von den ehrenamtlichen »Kapitänen« der »Paul Denker« begrüßt. Diese haben spannende Geschichten über das Schiff auf Lager; und man kann ihnen getrost große Löcher in den Seebär-Bauch fragen. Regelmäßig gibt es Aktionsnachmittage. Dann bauen Kinder ab sechs Jahren unter Anleitung ihr eigenes Holzschiff, das sie am Ende mit nach Hause nehmen dürfen.

TIPP: Schon gewusst? Den Focke-Park mit Kletterschiff und Outdoor-Spielen kann man auch unabhängig vom Museum besuchen. Einfach an der Kasse Bescheid sagen, dass man nur in den Park möchte.

Extra-Tipp: Kinder ab acht Jahren können im Museum regelmäßig eine Rallye durch das Schaumagazin machen. Für Kinder ab vier Jahren gibt es ein Bilder-Suchspiel mit Frieda und Franz.

Adresse Focke-Museum, Schwachhauser Heerstraße 240, 28213 Bremen-Schwachhausen // **ÖPNV** Linie 4, Haltestelle Focke-Museum // **Öffnungszeiten** im Rahmen des Museumseintritts ist das Schiff März–Nov. Sa 15–17 Uhr und So 10–17 Uhr ständig zugänglich, Di–Fr nach Anmeldung an der Kasse, mehr Infos unter www.focke-museum.de oder Tel. 0421/6996000 // ab 6 Jahre

78_DIE SEMKENFAHRT

Schlitterspaß auf der Weide

Wenn die Temperaturen im Winter nachts weit unter dem Gefrierpunkt liegen und es mehrere Tage hintereinander schön frostig bleibt, wird ein Satz sehnlichst erwartet: »Die Semkenfahrt öffnet die Tore für den Publikumslauf!« Dann pilgern nicht nur die Bremer, sondern auch zahlreiche Schlittschuhläufer aus der Umgebung ins Blockland, um dort über die eisbedeckte Weide zu gleiten.

Die rund drei Kilometer lange Semkenfahrt gilt als eine der längsten und vielleicht schönsten Eislaufstrecken Deutschlands. Seit 1965 wird die Wiese, meistens Ende November, von der Wümme aus mit Pumpen geflutet, dann heißt es: abwarten und hoffen, dass es kalt genug wird.

Wer trotz aller Vorsicht beim Schlittschuhlaufen ins Eis einbricht, holt sich höchstens nasse und kalte Füße. Dennoch markiert der Bremer Eisverein, der das Vergnügen überhaupt erst möglich macht, mit roten Fähnchen wesentliche Gefahrenstellen, damit (hoffentlich) alles glattgeht. Fünf Zentimeter sollte das Eis nach Vereinsangaben schon dick sein, damit es mehrere Personen zuverlässig tragen kann. Das Eisfeld ist nicht vergleichbar mit einem See. Dort muss das Eis viel dicker sein.

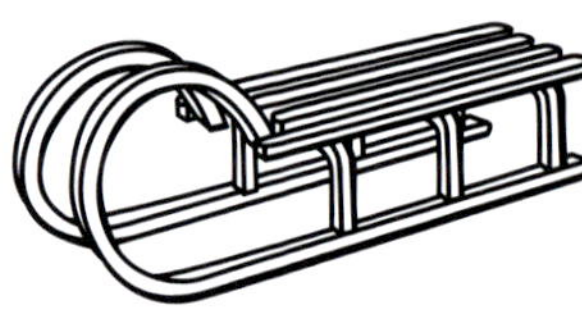

Öffnet der Eisverein die Semkenfahrt, ist auf der eisigen Fläche alles vertreten, was Kufen hat: Manche bringen ihren Schlitten, wiederum andere ihre komplette Eishockey-Ausrüstung mit. Ein Eintrittsgeld für das Schlittschuhlaufen wird nicht erhoben, der Verein freut sich jedoch über Spenden.

Adresse Blocklander Hemmstraße 37, 28357 Bremen-Blockland // ÖPNV Bus 28, Haltestelle Wetterungsweg, einige Parkplätze gibt es am Stadtwaldsee (Unisee), der Verein empfiehlt die Anfahrt mit dem Fahrrad // Öffnungszeiten nach Freigabe, Infos unter www.bremer-eisverein.de, keine Toiletten // ab 4 Jahre

TIPP: Wetterunabhängig Schlittschuhlaufen lässt sich im »Paradice« in Bremen-Walle (Waller Heerstraße 293a). Die Eissporthalle ist von Oktober bis März geöffnet. Dort kann man sich auch fachmännisch die Kufen schleifen lassen (www.eissporthalle-paradice.de).

79_DIE SITZKISSEN- UND SOCKENKONZERTE

Musikgenuss für die ganze Familie

Mit dem Baby oder Kleinkind ins Konzert? In der »Glocke« funktioniert das ganz ausgezeichnet. Sämtliche Projekte zur Musikvermittlung sind zusammengefasst unter dem Namen »Musik im Ohr«. Zwei Konzepte des Bremer Konzerthauses seien hier besonders hervorgehoben.

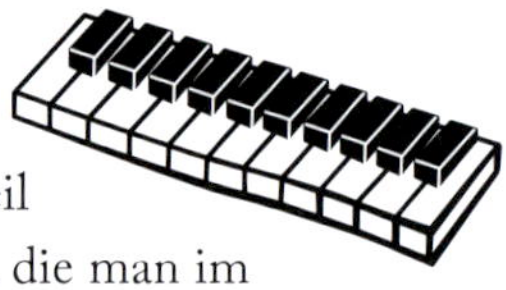

Zunächst räumen wir aber mit einem Vorurteil auf: Denn nur weil es sich um Konzerte handelt, die man im Sitzen erleben kann, heißt das noch lange nicht, dass die Kinder die ganze Zeit brav stillsitzen müssen. Im Gegenteil: Die »Sitzkissenkonzerte«, die sich an Eltern und Großeltern mit Babys bis 1,5 Jahre richten, finden in einer völlig entspannten Atmosphäre statt: Familien machen es sich auf den Kissen gemütlich und lauschen Musik verschiedener Stilrichtungen. Die Veranstaltungen sind vormittags und dauern 45 Minuten.

Für Kleinkinder bis drei Jahre hat das Konzerthaus die »Sockenkonzerte« im Programm. Diese sind ebenfalls vormittags und beginnen mit der Eröffnung: »Zeigt her eure Füße, zeigt her eure Schuh und höret den fleißigen Musikern zu!« Mit von der Partie ist »Öhrchen«, ein kleines Wesen mit großen Ohren, das gemeinsam mit den Kindern die Welt der Musik entdecken möchte. Und wie der Name schon sagt, dürfen die Schuhe gerne ausgezogen werden (was das Konzert-Erlebnis noch viel gemütlicher macht).

TIPP: Lust auf Literatur für Lütte? Bei »Gedichte für Wichte« in den Bremer Stadtbibliotheken entdecken Kinder unter drei Jahren Geschichten mit Musik, Bewegung und Bilderbüchern.

Für ältere Kinder hat »Die Glocke« ebenfalls etliches im Angebot, beispielsweise Lesungen mit Musik, Familienkonzerte und ein musikalisches Ferienprogramm.

Adresse Die Glocke, Domsheide 6–8, 28195 Bremen-Mitte // **ÖPNV** Linie 2, 3, 4, 6, 8 oder Bus 24, 25, Haltestelle Domsheide // **Öffnungszeiten** Termine, Preise und Tickets gibt es online unter www.glocke.de // bis 3 Jahre

80_DER SPORTGARTEN

Nix für Sofakartoffeln!

Im Sportgarten Pauliner Marsch sind alle in Bewegung. Auf rund 12.000 Quadratmetern Fläche kommen Kinder und Jugendliche bei verschiedenen Aktivitäten mächtig ins Schwitzen, während sie ihre Entwicklung vielfältig fördern. Mit dem großzügigen Indoor- und Outdoorbereich ist die Anlage in unmittelbarer Nähe zum Weserstadion die größte des Vereins Sportgarten e.V. und gleichzeitig die mit dem breitesten Freizeitangebot, das alle Mitglieder ab 14 Jahre aktiv mitgestalten.

Wer den Sportgarten zum ersten Mal besucht, hat die Qual der Wahl bei mehr als 20 verschiedenen Sportarten, die man lernen und regelmäßig betreiben kann. Angefangen mit Basketball, Fußball, Hockey, Tischtennis und Volleyball, über alles, was Rollen hat, wie Inliner, Skateboard und Stuntscooter, und noch lange nicht endend bei Höhenflügen im Trampolin-Park. Weiter geht es mit Bouldern und Klettern, wofür der Verein die »Pauliner Nordwand« aus dem Boden gestampft hat. Dabei handelt es sich um einen künstlich errichteten Felsen, den es bis zu elf Meter hoch hinauf geht – natürlich nur mit professioneller Kletteranleitung und sicherndem Seil.

Mitglieder des Vereins genießen mehrere Vorteile: Sie zahlen ihren Jahresbeitrag und »turnen« ganzjährig kostenlos durch den gesamten Sportgarten. Das Equipment zum Ausleihen kostet nur noch die Hälfte, und Veranstaltungen sind günstiger. Der Sportgarten ist kein Betreuungsprojekt für Jugendliche. Diese sind vielmehr aktiv am Bau, der Finanzierung und dem Betrieb beteiligt.

TIPP: Neben dem Sportgarten befindet sich das Tier- und Landschaftsprojekt mit artgerechter Offenhaltung. Hier können Kinder auf Pferden reiten und mit Eseln spazieren gehen. Die Esel haben sogar ihren eigenen Instagram-Kanal (@moritzundmarkus).

Adresse Sportgarten Pauliner Marsch, Sommerdeich 1, 28205 Bremen-Östliche Vorstadt // ÖPNV Linie 3, Bus 22, Haltestelle Georg-Bitter-Straße // Öffnungszeiten Mo–Fr 9–22 Uhr, Sa, So, Ferien und Feiertage 11–22 Uhr, alle Infos und Buchungen unter www.sportgarten.de // ab 10 Jahre

81_DAS STADT-MUSIKANTENSPIEL

Hip-Hop-Hund und Punkrock-Hahn

»Es hatte ein Mann einen Esel, der schon lange Jahre die Säcke unverdrossen zur Mühle getragen hatte …« So beginnt das weltbekannte Märchen »Die Bremer Stadtmusikanten«, das der Stadt Bremen ihr Wahrzeichen bescherte. Über 200 Jahre ist dieser Klassiker aus der Sammlung der Gebrüder Grimm schon alt. Seit 2023 erleben ihn Touristen und Bremer auf dem Domshof in einer modernen Neufassung. Der Bremer Autor und Regisseur Dirk Böhling hat das Stück im Auftrag der Wirtschaftsförderung Bremen entstaubt, um ihm einen frech-fröhlichen Anstrich zu verpassen. Da sich die Macher für ein mobiles Bühnenbild entschieden haben, können die Bremer Stadtmusikanten auch auf anderen Veranstaltungen auftreten.

Unter der Leitung von Frank Fiedler erzählt das Ensemble »Showtunes« die Geschichte der mutigen Tiere in Songs unterschiedlicher Genres: Der Esel klagt im Country-Stil sein Leid, der Hund rappt, die Katze singt ein anrührendes Chanson, und der Hahn kräht seinen Frust in Punkrock-Manier ins Publikum. Die vier lassen sich aber nicht unterkriegen und nehmen ihr Schicksal selbst in die Hand. Kurzentschlossen machen sie sich auf den Weg nach Bremen, um dort Stadtmusikanten zu werden …

Zu sehen und zu hören ist das rund 20 Minuten lange Stück in den Sommermonaten immer sonntags um 12 Uhr, kurz nachdem das Läuten der Domglocken verklungen ist.

TIPP: Bitte ein Handtuch mitnehmen. Die Bühne befindet sich neben dem Neptunbrunnen, und es gibt keine Garantie dafür, dass die Kinder trocken bleiben. Das Wasserspiel ist einfach unwiderstehlich …

Adresse Domshof, 28195 Bremen-Altstadt // ÖPNV Linie 2, 3, 4, 6, 8 oder Bus 24, 25, Haltestelle Domsheide // Öffnungszeiten Mai–Sept. So 12 Uhr

RAGING BULL

82_DER STRANDPARK

XXL-Buddelkiste mit Hafenblick am Waller Sand

Um es gleich vorwegzunehmen: Baden kann man hier nicht, da im Wendebecken am Ende der Überseestadt Schiffe fahren. Nass werden die Kinder trotzdem, denn der Wasserspielplatz zieht sie magisch an. Während die Kleinen sich an den zwei Pumpen verausgaben (die in regenarmen Zeiten auch mal trockenfallen können), buddeln und sich im Sand panieren, brutzeln die Eltern in der Sonne. Weil die Schattenplätze begrenzt sind, ist Sonnenschutz ein Muss!

Rund 175.000 Kubikmeter Sand haben die Kinder am Strandpark unter den Füßen, was einer Fläche von etwa drei Fußballfeldern entspricht. Der Waller Sand ist ein Ort, an dem man sich wunderbar vom Alltag erholen kann. Bepflanzte Dünen, Aussichtsbänke, Strohschirme und kreischende Möwen lassen kurz vergessen, dass man sich in der Stadt befindet. Nur fällt der Blick eben nicht auf das Meer, sondern auf die riesige Getreideverkehrsanlage. Gerade dieser Kontrast macht diesen Ort als Ausflugsziel sehr reizvoll. Näher ans Wasser gelangt man auf den drei ehemaligen Anlege-Stegen. Der hintere Bereich ist abgesperrt, damit die dort brütenden Möwen ihre Ruhe haben.

Wer sich am Waller Sand sportlich betätigen möchte, kann dies auf zwei Volleyballfeldern tun, und sogar Drachen dürfen in den Himmel steigen. Ihr Picknick können die Besucher selbst mitbringen. Es gibt aber auch einen Bäcker, wo man sich mit Kuchen, Snacks und Getränken eindecken kann. Öffentliche Toiletten befinden sich in einem Container und sind je nach Witterung ab April geöffnet.

TIPP: Ein Schlich zum Molenturm lohnt sich. Vor rund 100 Jahren wies dort der Hafenaufseher die Schiffe ein. Heute sitzen hier oft Angler. Den Turm kann man vom Waller Sand aus sehen.

Adresse Kommodore-Johnsen-Boulevard 40, 28217 Bremen-Überseestadt // **ÖPNV** Bus 26, 28, Haltestelle Überseestadt-Nord; April–Okt. pendelt die Weserfähre Sa, So und an Feiertagen (im Sommer auch Fr) zwischen Lankenauer Höft, Waterfront und Molenturm (Waller Sand), Fahrplan: www.weserfähre-bremen.de // **Öffnungszeiten** immer geöffnet

83_DIE SUP-STATION

Auf dem Wasser kann man doch stehen

Wenn Kinder und Eltern Stand-up-Paddling als neues Hobby angehen möchten, dürfen sie eines nicht sein: wasserscheu. Denn bei dem Versuch, sich auf dem anfangs noch etwas wackelig anmutenden Brett zu halten, kommt es manchmal vor, dass man »über Board« geht. Deshalb gibt es zwei Voraussetzungen für diese immer populärer werdende Sportart: Teilnehmende müssen mindestens 15 Minuten **sicher im offenen Wasser schwimmen** können und als Minimum das Abzeichen Bronze vorweisen.

Die Boards und, wenn nötig, Neoprenanzüge stellt die SUP-Station »Ins Blaue« auf der Werderinsel gegen eine Leihgebühr zur Verfügung. **Anfänger lernen im Basiskurs** den optimalen Ein- und Ausstieg, wie sie sich mit dem Board auf dem Wasser halten und dieses sicher manövrieren. Die ersten Paddelbewegungen machen die SUPler als Trockenübung, bevor es aufs Wasser geht.

Der Werdersee ist als strömungsschwacher Seitenarm der Weser wie geschaffen, um eine erste Tour auf dem Stehpaddelbrett zu wagen. SUP-Trainerin Tessa Heyde kennt aber noch weitere schöne Reviere wie die Kleine Wümme im Blockland. Die Basiskurse mit maximal acht Plätzen finden an den Wochenenden statt. Buchbar sind zudem in den Sommerferien **spezielle Eltern & Kids-Kurse** (für Kinder von 8 bis 13 Jahre). Wer schon SUP-Erfahrung gesammelt hat, kann an Touren und Specials teilnehmen oder **beim SUP-Clean Up** (ab 16 Jahre) mit Planet Patrol einen Beitrag für saubere Gewässer leisten.

Adresse »Ins Blaue«, Huckelrieder Weg, 28201 Bremen-Huckelriede // Anfahrt über die Werderstraße, Parkplatz »Hotel zum Kuhhirten«, der Beschilderung »Weg zum Strand« folgen, alternativ mit der Sielwallfähre zum »Café Sand« übersetzen // Öffnungszeiten Infos und Buchungen unter www.ins-blaue.com // ab 8 Jahre

TIPP: Während der SUP-Hauptsaison im Sommer ist samstags und sonntags von 12 bis 19 Uhr die »Box« geöffnet – es sei denn, das Wetter ist mies. Zu futtern gibt es am blauen Imbisswagen unter anderem Pommes, vegane Vish & Chips und Eiscreme.

84_DIE TASCHENLAMPEN-FÜHRUNG

Nachts auf Weltreise gehen

Kinogänger kennen bestimmt die Komödienreihe »Nachts im Museum« mit Ben Stiller in der Hauptrolle, in der die Ausstellungsstücke um Mitternacht ein Eigenleben entwickeln. Ganz so spät und turbulent wird es bei der Taschenlampenführung unter dem Motto »Nachts im Museum« zwar nicht, ein Abenteuer ist es für die Besucher des Übersee-Museums aber allemal.

Damit es dunkel genug ist, findet diese außergewöhnliche Führung nur in den Wintermonaten statt. Schnell sein lohnt sich, sobald die Termine bekannt gegeben werden, denn die Plätze sind rasch ausgebucht. Eine Taschenlampe darf selbst mitgebracht oder vor Ort ausgeliehen werden. Dann geht es los, immer dem Guide hinterher. Die Schatten der Exponate bewegen sich im Lichtkegel, was die einstündige Tour zu einer spannenden Angelegenheit macht!

Aber keine Angst, gruselig ist es nicht, die großen Kontinente Asien, Amerika oder Afrika bei Nacht zu entdecken, vielmehr faszinierend und interessant, weil man dabei seinen Horizont erweitert. So weiß man hinterher zum Beispiel, dass es eine Pflanze gibt, die nach Aas stinkt, was ein Plumplori ist oder warum die Menschen in Mexiko auf dem Friedhof eine Familienparty feiern. Große Augen kriegen die Kleinen, wenn sie vor dem begehbaren Blauwal-Herz-Modell oder dem Skelett-Abguss eines Dinosauriers stehen. Auf jeden Fall macht diese Führung Lust, das Museum beim nächsten Mal ausgiebig im Hellen zu erforschen.

TIPP: Wo sind sie, die Nachteulen? In Bremen findet jedes Jahr im Sommer die »Lange Nacht der Museen« statt. Die verschiedenen Museen und Ausstellungshäuser in Bremen und Bremen-Nord haben von 18 bis um 1 Uhr nachts geöffnet (www.bremen.de).

Adresse Übersee-Museum, Bahnhofsplatz 13, 28195 Bremen-Bahnhofsvorstadt // **ÖPNV** Linie 1, 4, 5, 6, 8, 10 oder Bus 24, 25, 26, 27, 63, Haltestelle Bremen Hauptbahnhof // **Öffnungszeiten** Programm und Tickets unter www.uebersee-museum.de // ab 6 Jahre

85_DER TIERNACHWUCHS

Süßer Sauhaufen!

Kaum zu glauben, aber wahr: In den 1930er Jahren konnten Kinder im Tierkindergarten des Bürgerparks mit Löwenbabys spielen und auf Elefanten reiten. Es waren damals eben ganz andere Zeiten. Heute leben in den Gehegen ausschließlich Haus- beziehungsweise Nutztiere. Einige, wie der Pfau, Hühner und Enten bewegen sich gerne mal frei auf dem Gelände.

Für großes Entzücken bei den Besuchern sorgt in jedem Jahr der Tiernachwuchs im Bürgerpark, insbesondere bei den Bunten Bentheimern. Die Ferkel mit ihren charakteristischen dunklen Flecken erobern die Herzen ihres Publikums im Sturm. Die kleinen Ringelschwänzchen sind aber auch zu niedlich, wenn sie durch das Gehege tollen, in der Sonne relaxen oder eng aneinander geschmiegt an den Zitzen ihrer Mutter hängen. Mindestens genauso süß ist der Zwergziegen-Nachwuchs, der sich früh im Klettern und Springen übt. Beobachten lassen sich noch dazu Damwild, Schafe, Alpakas und Meerschweinchen. Mit den Zwergeseln kann man sich prima unterhalten, wenn sie gerade dazu aufgelegt sind. Steuert man über die kleine Brücke auf sie zu, wird man nicht selten mit einem freudigen »I-Ahhh« begrüßt.

Inmitten der Tiergehege gibt es einen Minispielplatz für die ganz jungen Parkbesucher. Auf dem Rückweg ist bestimmt noch Zeit für ein Eis in »Emma's Eiscafé« mit einem eigenen kleinen Spielplatz im Außenbereich oder für ein Stück hausgemachten Kuchen bei »Emma am See«.

TIPP: Warum nicht den Bürgerpark mal auf dem Wasser erkunden? Das geht mit Muskelkraft beim Selberrudern (Bootsverleih Mai–Anfang Okt.) oder auf dem Fahrgastschiff »Marie« (in den Sommermonaten Fr, Sa, So und an Feiertagen) mit »motorischer« Unterstützung (www.buergerpark.de unter »Erleben«).

Adresse Bürgerpark, 28209 Bremen-Schwachhausen // **ÖPNV** Bus 25, Haltestelle Weidedamm-Süd // **Öffnungszeiten** frei zugänglich

86_DIE TIERSUCHE IM SCHNOOR

Guck mal da, ein Affe!

Wenn ein Kind durch das Schnoorviertel schlendert, sieht es eines zuhauf: Beine. Denn der Schnoor wirkt mit seinen verwinkelten Gassen und Läden auf Touristen extrem anziehend, entsprechend voll ist es dort – besonders am Wochenende. Je früher man aufsteht, desto höher ist die Chance, den Schnoor einmal fast für sich allein zu haben. Zwar sind die Läden dann noch nicht geöffnet, dafür kann man den Zauber dieses historischen Ortes ungestört auf sich wirken lassen. Und damit das für die Lütten nicht zu eintönig wird, kommt hier ein kleines Suchspiel: Im Schnoor haben sich ein paar Tiere versteckt, die als Hinweis hier abgebildet sind. Um sie zu finden, muss man genau hinschauen – vor allem öfter mal nach oben.

Die Mini-Safari startet mit einer Eule in der Straße »Hinter der Balge« (über der Hausnummer 2), an deren Ende auf der linken Seite das kleinste Haus Deutschlands zu finden ist. Weiter geht es in den Schnoor zum Ottjen-Alldag-Brunnen. Ob sich die Katze da jemals wieder heruntertraut? Und für welche schmale Mieze wurde wohl die Tür in den Stein gehauen, die sich gegenüber des Katzencafés befindet? Auf dem Schild von Troll-Antiquitäten (Schnoor 19) beäugt eine Krähe das Geschehen. Am Amtsfischerhaus turnt »Affe Fipps« herum, der es, anders als die Stadtmusikanten, nach Bremen geschafft hat. Und was steht da auf dem Dach des Packhaustheaters (Wüstestätte 11)? Vielleicht entdecken die Kleinen ja noch ganz andere Tiere, wenn sie die Augen offen halten.

Adresse Schnoor, 28195 Bremen-Altstadt // ÖPNV Linie 2, 3, 4, 6, 8 oder Bus 24, 25, Haltestelle Domsheide // Öffnungszeiten immer zugänglich // ab 4 Jahre

TIPP: Rätselfreunde werden den »Tütort« (Marterburg 12) lieben. Dort finden sie Puzzles, Geduldspiele und Knobeleien in verschiedenen Schwierigkeitsstufen (geöffnet: Di–Sa 12–17 Uhr, www.tuetort-spiele.de).

87_DER TONTREFF IM KUBO

Kinder formen ihre Welt mit den Händen

Ein Eierbecher mit Zähnen, ein Schachbrett samt Figuren, eine Vogeltränke für den Garten – der Tontreff im KUBO lädt Kinder dazu ein, ihre Kreativität frei zu entfalten. Dazu braucht es gar nicht viel: eine feste Unterlage, ein Stück Ton, Werkzeug, Phantasie – und natürlich die eigenen Hände. Im Atelier des KUBO, dem Kultur- und Bildungsverein Ostertor, hat jedes teilnehmende Kind ein Regalfach, in dem die zerbrechlichen Schätze aufbewahrt werden.

Im Vordergrund des einmal wöchentlich stattfindenden Treffens steht der Schaffensprozess: das Kneten, Formen und Modellieren. Mit Geduld lassen sich aus dem Naturmaterial ganze Gebäude bauen. Egal, ob etwas Nützliches oder Phantastisches entsteht – es gibt eine goldene Regel: Die Werke der anderen dürfen angeschaut, aber bitte nicht angefasst werden. Zu schade wäre es, wenn etwas abbricht. Damit die Kinder möglichst lange Freude an ihren Keramiken haben, wandern diese am Ende in den Brennofen.

Für die betreuenden Künstlerinnen selbst ist es immer wieder spannend zu sehen, was man aus Ton alles gestalten kann und wie die Teilnehmenden ihre Ideen entwickeln. Wer nicht regelmäßig dabei sein kann oder möchte, hat die Möglichkeit, sich für Kunsttage oder Ferienkurse anzumelden. Kreativ werden Kinder im KUBO nicht allein mit Ton, sondern auch mit Farben, Papier, Pappe, Holz oder anderen Materialien.

TIPP: Ob als Inspiration für die nächsten Kunst-Projekte oder einfach aus Neugierde: Im Gerhard-Marcks-Haus (Am Wall 208) wandeln Interessierte auf den Spuren des Künstlers und Bildhauers, der unter anderem die Bremer Stadtmusikanten entworfen hat (geöffnet: Di–So 10–18 Uhr, Do 10–21 Uhr).

Adresse Beim Paulskloster 12, 28203 Bremen-Ostertor // ÖPNV Linie 2, 3, Haltestelle Theater am Goetheplatz oder Ulrichsplatz // Öffnungszeiten Tontreff: Do 16.30 – 18 Uhr, mehr Infos und Anmeldung unter www.kubo.de // ab 7 Jahre

88_DIE TORFKAHNFAHRT

Mit »Jan vom Moor« unterwegs

Traditionell wurden Torfkähne vom Wind in den großen braunen Segeln angetrieben oder vom Ufer aus gezogen und mit einer langen, am Ende mit Eisen versehenen Stange vom Kanalgrund abgestoßen. Heute legen Nachbauten der historischen schwarzen Eichenholzkähne für Touristen und Einheimische immer noch vom Findorffer Torfhafen aus ab – allerdings werden sie mit Motorkraft bewegt.

Für Familien ist so eine Fahrt ein wunderbar entschleunigendes Erlebnis. Nach der Sicherheitseinweisung (für die Kinder sind Schwimmwesten vorhanden) und Kahnführung machen sie es sich auf den tiefen Sitzbänken bequem und genießen die gemächliche Fahrt durch die Kanäle. Der Schiffer lässt es sich nicht nehmen, Interessantes über das Moor, den Torf und das Leben der damaligen Torfbauern zu »vertellen«. So erfahren die Gäste, dass die Torfkahnschiffer plietsche Schmuggler waren und von den Städtern einst »Jan vom Moor« gerufen wurden. Der Torf aus dem Teufelsmoor war einst begehrtes Brennmaterial.

Während der Ausflugsfahrt, bei der man unter Aufsicht auch mal selbst die Pinne in die Hand nehmen und den Kahn ein bisschen steuern darf, lässt sich am Ufer einiges entdecken: Reiher, die auf Pfeilern sitzen und auf Fische lauern, niedliche Nutrias, viele Wasservögel, Libellen und andere Tiere. Der Veranstalter »Torfkähne Bremen« hat neben unterschiedlichen Fahrten besondere Events im Angebot, darunter die Halloween-Tour und Kahnfahrten mit einer Geschichtenerzählerin.

TIPP: Nach der Torfkahnfahrt bietet es sich an, im Sommer- und Biergarten des Port Piet die vielen Eindrücke zu verarbeiten. Der Flammkuchen ist sehr zu empfehlen! (www.portpiet.de)

Adresse Ecke Eickedorfer Straße/Findorffallee, 28215 Bremen-Findorff // **ÖPNV** Bus 26, 27, Haltestelle Findorffallee // **Öffnungszeiten** Fahrsaison April–Okt., Termine, Angebote und Buchungen unter www.torfkaehne-bremen.de oder Buchung per Tel. 0176/60497813 (Mi–So 11–18 Uhr)

89_DIE VILLA KUNTERBUNT

In Pippis guter Stube

Im Stadtteil Findorff gibt es ein Familien-Café und Restaurant, das seinem Namen alle Ehre macht. Die Villa Kunterbunt steckt voller Überraschungen. Von außen wirkt sie eher schmal, wer sie betritt, staunt, wie geräumig und gemütlich es im Inneren ist. Ob man hier nur einen Kaffee trinken will, ein Stück selbst gebackenen Kuchen genießen oder eine warme Mahlzeit zu sich nehmen möchte, während die Kleinen spielen – in der Villa Kunterbunt fühlen sich Familien rundum wohl.

Die Gäste dürfen sich zum Zeitvertreib an den Regalen mit Spielzeug, Gesellschaftsspielen und Büchern (Letztere sind zum Tauschen da) selbst bedienen. Wenn die Kinder hinterher alles wieder aufgeräumt haben, hat Inhaber Troy-Peter Hefferan bestimmt ein Bonbon, einen Lolli oder einen Keks parat. Es macht ihm nichts aus, wenn die Jüngsten neugierig in die Küche luschern. In der Villa Kunterbunt wird auch niemand schief angeguckt, wenn die Kinder mal etwas lauter sind. Das gehört für ihn einfach dazu.

Freitags ist Mami-Tag. Dann treffen sich die Muttis mit ihrem Nachwuchs im Café zum Frühstücken, Klönen, Spielen und gelegentlichen Wickeln. Im Außenbereich gibt es eine Terrasse mit einer kleinen Rutsche, Wipptieren und anderen Spielzeugen, die bei schönem Wetter gut frequentiert wird. Seine Küche beschreibt der Inhaber als authentisch deutsch. So beinhaltet die bunte Speisekarte zum Beispiel Wraps, Sandwiches, Salate, Pfannkuchen und Flammkuchen – auch Veganer werden fündig.

TIPP: Das Patty's Gym an der Münchener Straße 142/144 ist ein Fitness-Studio nur für Frauen. Mamis konzentrieren sich dort auf ihre individuellen sportlichen Bedürfnisse, während die Kinder beim Bambini-Training in Bewegung kommen (www.pattysgym.de).

Adresse Münchener Straße 80, 28215 Bremen-Findorff // **ÖPNV** Bus 28, Haltestelle Landshuter Straße // **Öffnungszeiten** Di–So 10–18 Uhr, mehr Infos auf www.die-villa-kunterbunt.net

90_DER VOGEL-BEOBACHTUNGSTURM

Was fliegt denn da?

Im Frühjahr, besonders im März und April, erfüllt ein Schnattern, Pfeifen und Zwitschern die Luft rund um den Beobachtungsturm in der Ochtumniederung. Dann ist die beste Zeit, ein Fernglas und Proviant einzupacken und sich im Beobachtungsturm am Polder Brokhuchting auf die Lauer zu legen. Bei unserem jüngsten Ausflug stakste ein Silberreiher über die Wiese. Im Wassergraben schwamm eine Pfeifente, und wenige Meter weiter kletterte etwas braunes Pelziges ans Ufer, was ein Bisam gewesen sein könnte.

Der Polder Brokhuchting-Strom ist eine mit einem flachen Damm eingedeichte Fläche, auf der das Wasser aufgestaut werden kann. Das macht diesen Ort als Rastplatz für etliche Gänse- und Entenarten attraktiv. Aber auch als Brutgebiet für Wiesenvögel ist das Naturschutzgebiet von großer Bedeutung. Weißstörche sind dort ebenfalls häufiger anzutreffen. Schaut man in die Weite, erkennt man zwischen den Windrädern ein Gehöft, wo sich der Storchenhorst an der Stromer Landstraße befindet. Im Röhricht fühlen sich Blaukehlchen und Beutelmeise zu Hause, und mit viel Glück sieht man sogar einen Eisvogel. Im zeitigen Frühjahr vollführt der Kiebitz über den Wiesen seinen akrobatischen Balzflug.

Auf dem Schild im Beobachtungsturm befindet sich ein QR-Code, der auf die Internetseite www.ornitho.de führt. Hier ist vermerkt, wann zuletzt welche Vogelarten beobachtet wurden. So erfährt man, dass hier zum Beispiel schon Turmfalken gesichtet worden sind.

Adresse Brokhuchtinger Landstraße, 28259 Bremen-Huchting // Anfahrt B 75, Ausfahrt Kirchhuchting/Mittelshuchting, rechts auf die Huchtinger Heerstraße fahren, hinter dem Restaurant »Feldschlösschen« rechts abbiegen, der Brokhuchtinger Landstraße bis zur Plattform folgen // Öffnungszeiten immer geöffnet, Infos auf www.erlebnisraum-natur.de und www.bund-bremen.de // ab 5 Jahre

TIPP: Am Sodenmatt 15 liegt die Stadtteilfarm Huchting mit Bauernhoftieren und Alpakas (geöffnet Mo–Fr 10–18 Uhr). Jeden Montag von 15 bis 17 Uhr findet dort der Familiennachmittag statt – auch bei »Schietwetter« (www.stadtteilfarm.de).

91_WERK.NEU.STADT

Kreatives im Fluss

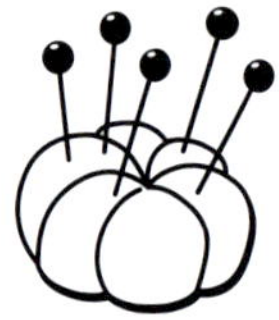

Mit Phantasie, ein bisschen Geduld und Fingerfertigkeit entsteht aus Altem etwas Neues. Und selbst wenn man anfangs ideenlos war, lässt sich im Austausch miteinander ein schönes Projekt entwickeln. Romy Hauptreif bietet in ihrer kleinen Kreativwerkstatt im Neustädter Flüsseviertel Freiraum für individuelles Gestalten nach dem Upcycling-Prinzip. Mit ihrem Angebot möchte die zweifache Mutter Kinder, Jugendliche und Erwachsene erreichen, die Lust haben, sich kreativ auszuleben – beim Malen, Bauen, Zeichnen, Schnitzen, Schleifen, Stempeln und vielem mehr.

Während der »Kreativzeit« bedienen sich die Teilnehmenden aus dem Materialfundus, den Romy Hauptreif immer wieder auffüllt. Fündig wird sie zum Beispiel in der benachbarten Recyclingbörse, auf Flohmärkten und auf ihren Familien-Reisen an die Ostsee: Aus Strandgut, Holzresten, alten Perlen, getrockneten Pflanzen, gebrauchtem Papier und ausrangierten Dingen werden Mobiles, Kränze, Fotohalter, Schmuckstücke und andere dekorative oder nützliche Gegenstände.

Die Inhaberin ist glücklich darüber, dass in ihrer Werkstatt kaum Müll anfällt. Upcycling bedeutet für sie nicht nur, einen kreativen Prozess in Gang zu bringen, sondern auch, bewusst und achtsam mit den uns zur Verfügung stehenden Materialien und Ressourcen umzugehen. Ihre Kreativwerkstatt öffnet sie auch für Geburtstagsgruppen, Themen-Workshops und Ferienangebote. Einfach anfragen.

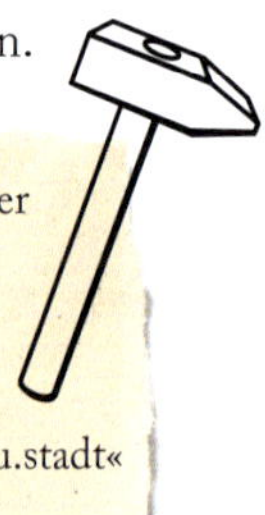

Adresse Lahnstraße 104, 28199 Bremen-Neustadt // **ÖPNV** Linie 6 oder Bus 26, 27, Haltestelle Gastfeldstraße // **Öffnungszeiten** »Kreativzeit«: Do 15.30–17 Uhr für Kinder, Do 18–19.30 Uhr für Erwachsene, Fr 15–16.30 Uhr für alle; Verkauf: Mo, Di, Do, Fr 10–13 Uhr sowie Mo, Do, Fr 15–18 Uhr, mehr Infos auf dem Instagram-Kanal »werk.neu.stadt« oder per E-Mail an rhauptreif@icloud.com // ab 3 Jahre

TIPP: Nebenan gibt es bei »Lütje Pöks« Kinder-Secondhand, Handgemachtes und Geschenkartikel zu kaufen (www.luetjepoeks.de).

92_DER WESERUFER-DISCGOLF-PARK

Und die Welt ist doch eine Scheibe!

Zum Golfen benötigt man Schläger und Bälle. Beim Discgolf jedoch dreht sich alles um Scheiben. Von den aerodynamischen Kunststoffscheiben gibt es drei Typen, die man im Gepäck haben sollte: den »Driver« für die lange Distanz, den »Midrange« für die mittlere und den »Putter« zum »Einlochen«. Jede Bahn hat eine Abwurfstelle, das sogenannte »Tee« und ein Ziel. Sinn des Spiels ist es, die Discs mit so wenig Wurfversuchen wie möglich in den großen Auffangkörben zu versenken.

Der Weseruferpark in Rablinghausen gilt als das größte und anfängerfreundlichste Discgolf-Areal in Bremen und ist somit bestens für Familien geeignet, die diesen spaßigen Freiluft-Sport in der Natur ausprobieren möchten. Auf einem Parcours mit 18 relativ leicht zu spielenden Bahnen tastet man sich an die Körbe heran und freut sich schon bald über erste Erfolge. Tricky wird es bei Wind, weil die Scheiben dann ganz anders fliegen. Entscheidend ist zudem, mit wie viel Kraft und welcher Technik geworfen wird.

Schön ist, dass der Zugang zum Discgolf-Park für alle offen ist. Die Scheiben muss man fürs erste Mal auch nicht gleich kaufen, sondern kann sie sich beim Bremer Discgolf-Verein Drehmoment nach Voranmeldung ausleihen. Das kostet nichts. Der Verein freut sich aber über eine Spende, die zur Pflege und Instandhaltung der Bahnen genutzt wird. Die Karten zum Eintragen der Punkte sind auf der Internetseite des Vereins zum Download verfügbar, ebenso wie der Lageplan mit den Spielregeln.

Adresse Rablinghauser Deich 45, 28197 Bremen-Rablinghausen // ÖPNV Bus 24, 61, 62, Haltestelle Rablinghausen // Öffnungszeiten immer frei zugänglich, mehr Infos unter www.areal56.de // ab 6 Jahre

TIPP: Im nördlichsten Teil des Parks pflegt der NABU die artenreichste Bremer Schmetterlingswiese. Wer die hübschen, bunten Falter beobachten möchte, nimmt den Pfad, der durch die Wiese führt.

93_DIE WILDPFERDE

Landschaftspfleger auf vier Hufen

Weite Natur, Wiesen und Fleete – das Werderland zwischen Lesum und Weser ist ein wunderschönes Landschaftsschutzgebiet, das man wandernd, mit dem Rad oder auf Inlinern erkunden kann. Dort leben auf dem alten Sandspülfeld Mittelsbüren auf einer circa 25 Hektar großen, eingezäunten (Strom!) Fläche ganzjährig Dülmener Wildpferde in harmonischer Wohngemeinschaft mit Angus-Rindern. Die Tiere haben einen Auftrag: Sie sorgen dafür, dass die Magerrasenflächen als wichtiger Lebensraum für zum Beispiel seltene Käfer, Falter, Kröten, Schrecken, Neuntöter und Nachtigallen nicht zuwachsen.

Die Wildpferde dabei zu beobachten, wie sie ausgelassen über die Weide galoppieren, miteinander spielen und sich necken, ist ein Anblick, den man so schnell nicht vergisst. Füttern oder streicheln soll man sie nicht, damit sich die Tiere nicht zu sehr an den Menschen gewöhnen. Im Frühjahr ist die Wahrscheinlichkeit groß, dass Fohlen auf die Welt kommen, ein Zeichen dafür, dass sich die Stuten in ihrem Umfeld sicher fühlen.

Nena und Bianca hatte der BUND im Jahr 2019 von Spendengeldern gekauft. Inzwischen gehören sie den Landwirten Ina und Stefan Haake. Sie haben die Herde vergrößert und füttern im Winter bei Bedarf zu.

TIPP: Von den Wildpferden ist es nicht weit bis zum Restaurant »An der Moorlosen Kirche«. Hier werden deutsche Gerichte serviert, außerdem Kuchen, Rote Grütze und Kaiserschmarrn (www.an-der-moorlosen-kirche.de). Danach einmal über den Deich hüpfen, und schon ist man an der Weser.

Neben der Wildpferde-Weide beginnt der Ökopfad durch das Werderland, an dessen Rand es viele Pflanzen und Tiere zu entdecken gibt und der nur im Sommer trockenen Fußes begehbar ist. Zu empfehlen sind hier festes Schuhwerk, lange Kleidung und Mückenschutz.

Adresse Niederbürener Landstraße, 28719 Bremen-Werderland // **Anfahrt** A 27, Ausfahrt Bremen-Industriehäfen, auf A 281 Beschilderung Richtung Bremen-Industriehäfen folgen, an der Ampelkreuzung links Richtung Burglesum, in Burglesum links auf Lesumbroker Landstraße, dieser für circa 10 Kilometer folgen // **Öffnungszeiten** immer zugänglich

94_DIE WINDEL-LIGA

Grün-weißer Start ins Leben

Das Herz der meisten Bremer Fußballfans schlägt grün-weiß für ihren Heimatverein Werder Bremen. Und weil Werder die Nachwuchsförderung besonders am Herzen liegt, gibt es seit 2009 ein Projekt zur Förderung der körperlichen Entwicklung von Kleinkindern in Kooperation mit der AOK Bremen/Bremerhaven: Die »Windel-Liga« soll Babys und ihre Eltern beim Start ins Familienleben unterstützen. Eltern können ihr Neugeborenes bis sechs Wochen nach der Geburt anmelden.

Neben einem Geburtsgeschenk, Tipps und Vorträgen zu Themen wie Gesundheit, Ernährung, Erste Hilfe und Zahngesundheit beinhaltet die Mitgliedschaft Bewegungsangebote wie Babymassage, Krabbelgruppen, Kinderwagen-Walking oder Eltern-Kind-Turnen. Eine aktive Teilnahme wird dabei mit einer ermäßigten Mitgliedschaft belohnt. Die Angebote der »Windel-Liga« sind inklusiv, richten sich also an Menschen mit und ohne Beeinträchtigung.

Im Rahmen der Mitgliedschaft in der »Windel-Liga« ist die gesamte Familie Vollmitglied beim SV Werder Bremen. Älteren Geschwistern und Eltern stehen somit auch alle anderen Sportangebote der sechs Abteilungen offen: Fußball, Handball, Leichtathletik, Schach, Tischtennis sowie Turnspiele und Gymnastik. Alle Kinder von 6 bis einschließlich 13 Jahren können zudem kostenlos Mitglied im Kids-Club werden und zum Beispiel an spannenden Aktionen, Ausflügen und Feriencamps teilnehmen.

TIPP: Wenn die Vorbereitungen für die Bundesliga beginnen, können Fans ihren Stars beim öffentlichen Training zugucken. Ein weiteres Highlight für die Grün-Weißen ist jedes Jahr im Sommer der »Tach der Fans«. Dann laden die Werderaner zum großen Familienfest am Osterdeich ein.

Adresse SV Werder Bremen, Franz-Böhmert-Straße 1 c, 28205 Bremen-Peterswerder // **ÖPNV** Linie 3, Haltestelle Weserstadion // **Öffnungszeiten** Infos zur Anmeldung unter www.werder.de (»Werder bewegt«) und unter Tel. 0421/434590

BASSUM

95_DIE KATTA-INSEL

Die Halbaffen sind los!

Kattas würde man eher auf Madagaskar vermuten, oder? Man kann sie aber auch in Bassum besuchen – und zwar im Tierpark Petermoor. Die neugierigen Kattas sind im Gegensatz zu anderen Halbaffen tagaktiv – sehr zur Freude der Besucher des Tierparks, die sich an den Tieren mit dem bis zu 60 Zentimeter langen, geringelten Schwanz gar nicht sattsehen können. Im Affenhaus lassen sich die Lemuren beim Kuscheln, Turnen, Futtern und Streiten gut beobachten.

Bei schönem Wetter möchten aber auch Affen nicht drinnen hocken. Aus diesem Grund hat der Förderverein im Jahr 2009 eine kleine Insel auf dem vor dem Affenhaus liegenden Teich als »Katta-Island« ausgewiesen. Die Affen können sich hier frei bewegen, ihr akrobatisches Geschick in den Bäumen zur Schau stellen oder sich in den Baumkronen sonnen. Vom Affenhaus gelangen die Tiere über eine schmale Brücke auf die Insel und überqueren dabei den Besucherweg. Mit dem Baumhaus haben die Kattas auf der Insel auch einen Rückzugsort, wenn der Trubel mal zu viel wird.

TIPP: Der Ausflug in den Tierpark lässt sich super mit einem Trip zum Bassumer Utkiek verbinden. Neben dem tollen Ausblick findet man hier einen Kletterparcours mit Abenteuertürmen und Hängebrücke sowie eine Doppel-Seilbahn. Huuuuuiiiii! (www.bassumer-utkiek.de)

Wer auch einmal klettern möchte wie die Kattas, kann das auf dem eigens dafür aufgestellten Klettergerüst tun. Für die Jüngsten gibt es im Tierpark ebenfalls eine Klettermöglichkeit neben dem Axishirsch- und Hirschziegenantilopen-Gehege. Bänke und Sitzgruppen stehen zum Picknicken zur Verfügung. Spenden sind im Tierpark Petermoor willkommen, der übrigens als erster »Arche-Park« anerkannt wurde. Zu den neuesten Bewohnern gehören die Stachelschweine Sonic und Knuckles.

Adresse Tierpark Petermoor, Am Petermoor 2A, 27211 Bassum // **Anfahrt** A 1, Ausfahrt Bremen/Brinkum, B 6/B 51 bis Bassum folgen, Zufahrt über Am Schützenplatz // **Öffnungszeiten** täglich, im Sommer 10–20 Uhr, im Winter 10–18 Uhr, Infos: www.tierpark-bassum.de

96_DIE STORCHEN-PFLEGESTATION

Ein großes Herz für Adebar

Jedes Jahr im Sommer werden Besucher der Storchenpflegestation Wesermarsch in Berne Zeugen eines beeindruckenden Naturschauspiels: Die Jungstörche in Deutschlands größter Storchenkolonie starten ihre ersten Flugversuche, nachdem sie mehrere Monate lang von ihren Eltern umsorgt worden sind. Im Frühjahr kehren die Störche aus ihren Winterquartieren zurück und beginnen in den Bäumen mit dem Bau der Nester, die das Gewicht eines Kleinwagens auf die Waage bringen können.

Auf dem privaten Anwesen von Familie Hilfers dürfen Gäste die Vögel von Sitzbänken aus beobachten (gerne Ferngläser mitbringen) und erfahren Wissenswertes über die Tiere und ihren so wichtigen Schutz. Als Udo Hilfers und seine Frau Anke 1992 die Station gründeten, gab es im Oldenburger Land gerade mal fünf Brutpaare – in guten Jahren sind es inzwischen rund 200.

Es ist erstaunlich, wie elegant diese großen Vögel durch die Lüfte segeln, sobald sie sich erholt haben. In der Station werden verletzte oder verwaiste Tiere aufgenommen, die zu den Hilfers gebracht oder von ihnen selbst geborgen werden. Ziel ist, wenn möglich, sie wieder auszuwildern. Doch leider werden Windräder, Stromleitungen, der Straßenverkehr und andere Gefahren den Störchen oft zum Verhängnis. Und so leben auf der Station um die 50 Dauerpatienten. Weil die Pflege und Versorgung der Tiere großen Aufwand und Kosten verursachen, freut sich der Verein über Spenden. Tipp: Familie Hilfers beteiligt sich auch an Ferienpassaktionen.

Adresse Storchenweg 6, 27804 Berne // Anfahrt B 212 Richtung Berne, der Bahnhofstraße folgen, weiter auf Berner Deich, nach circa 2 Kilometern links // Öffnungszeiten täglich 10–18 Uhr, Gruppen bitte vorher anmelden: Tel. 04406/1888, Infos unter www.storchenstation.de und unter www.storchenpodcast.libsyn.com

TIPP: An der Deichstraße 10 in Berne betreibt Karin Schumacher ihr Melkhus. Dort gibt es neben hausgemachtem Eis noch andere leckere Milchprodukte zu schnabulieren (Saison Mai–Okt., geöffnet Di–So 10–18 Uhr). Gegenüber vom Melkhus führt eine Treppe auf den Deich mit Blick auf die Marsch.

97_DER WASSER-ERLEBNISSPIELPLATZ

Hier bleibt keiner trocken!

Eine einzelne funktionierende Wasserpumpe auf einem Spielplatz löst bei Kindern schon eine Welle der Begeisterung aus. Das ist jedoch nichts im Vergleich zu dem, was der Wassererlebnisspielplatz in Bruchhausen-Vilsen zu bieten hat. Obgleich man dort nicht schwimmen kann, lohnt es sich allemal, Spielschiffchen, Badesachen und Handtücher mitzunehmen, denn trocken kommt hier keiner raus.

Die Möglichkeiten, mit denen das Wasser an den verschiedenen Stationen in Bewegung gebracht werden kann, sind einfach zu verlockend: Da wären zum Beispiel die archimedische Schraube und das Schöpfrad, mit dem Wasser hochgehoben und wieder fallen gelassen werden kann. Wenn das Schaufelrad in Schwung kommt, fließt das Wasser, werden die Klappen am Bachlauf geschlossen, staut es sich. So lernen Kinder, wie sich Wasser in unterschiedlichen Situationen verhält und wie sie es ganz leicht beeinflussen können. Bei der Wassertreppe ist Vorsicht geboten, weil Bienen und Wespen diese bei Hitze als Trinkquelle nutzen.

Erwachsene werden wieder zu Kindern, sobald sie den Fontänenhüpfer entdecken. Durch die optimale Gewichtsverlagerung versuchen sie an einer weiteren Station, hohe Fontänen in die Luft schießen zu lassen. Und es gibt noch mehr zu entdecken: eine Wasserspielanlage zum Buddeln und Matschen, ein Klangspiel, Rufsäulen, eine Rutsche, Schaukeln und einen Holzzug mit Waggons. Der Sandspielbereich ist vor der Sonne geschützt, und auch sonst findet man einige schattige Plätzchen. Ein WC in Laufnähe ist ausgeschildert.

TIPP: Mit der Mini-Bahn unter Volldampf ins Gartencafé – das geht von Mai bis Oktober an bestimmten Terminen (www.gartenbahncafe.de). Eine Fahrt mit der Museumseisenbahn sollte man sich auch nicht entgehen lassen (Fahrplan und Sonderfahrten unter www.museumseisenbahn.de).

Adresse Am Gaswerk, 27305 Bruchhausen-Vilsen // **Anfahrt** B 6 Richtung Nienburg, weiter nach Bruchhausen-Vilsen, Parkplätze direkt am Spielplatz // **Öffnungszeiten** Osterferien – Herbstferien (witterungsabhängig), jederzeit zugänglich

98_SIKU-HAUSEN

Trecker fahren!

Auf dem Dachboden seines ehemaligen Getreidespeichers hat sich Michael Garms einen Traum erfüllt: In »Siku-Hausen« sind landwirtschaftliche Maschinen die Stars: Trecker und Lkws mit Anhänger lassen sich per Bluetooth-Fernsteuerung über eine Modelllandschaft im Format 1:32 lenken. Rund 100 Quadratmeter Spielfläche stehen für kleine und große Treckerfreunde zur Verfügung und können von maximal 20 Personen gleichzeitig bespielt werden.

An verschiedenen Stationen erleben die Besucher den Alltag der Landwirte: Hier wird gebaggert, dort die Silage mit dem Kipper in die Siebanlage geschüttet. Unter den Silos hält eine Eisenbahn, mit der die Silage zum nächsten Punkt befördert wird, wo der voll funktionsfähige Kran schon auf seinen Einsatz wartet. An der nächsten Ecke schiebt ein Förderband Rundballen auf die Anhänger. Trecker pflügen über die Ackerflächen aus getrocknetem Kaffeesatz und hinterlassen ihre Spuren. Eine Lichtanlage simuliert den Wechsel zwischen Tag und Nacht – oder sorgt für den Disco-Effekt.

Michael Garms hat beobachtet: Je mehr Kinder dabei sind, desto mehr Spaß macht es, weil sie sich rasch untereinander absprechen, wer welche Aufgaben übernimmt, und dann im Team zusammenarbeiten. Somit eignet sich die Anlage für Kindergeburtstage, Familien oder andere Gruppen. Termine für besondere Aktionstage gibt Familie Garms rechtzeitig auf dem Facebook-Kanal von »Siku-Hausen« bekannt.

TIPP: Nicht nur Fahrzeuge lassen sich bei Familie Garms bewegen. Wer sich sportlich betätigen möchte, schwingt beim Swin-Golf den Schläger (geöffnet April–Okt. Fr, Sa, So und an Feiertagen 11–18 Uhr). Von Juli bis Anfang Oktober lädt das Maislabyrinth jedes Jahr mit einem neuen Thema zum Verirren ein.

Adresse Stedinger Weg 64, 27801 Dötlingen-Iserloy // Anfahrt A 1, Ausfahrt Wildeshausen-Nord, B 213 Richtung Delmenhorst, links Richtung Dötlingen abbiegen, den Schildern Swin-Golf Iserloy folgen // Öffnungszeiten nur nach Absprache, Infos und Anmeldung unter www.swingolf-iserloy.de oder Tel. 0172/4427974 // ab 5 Jahre

99_DIE WÜMME

Fast ein bisschen wie in Bullerbü

Warum so viele Künstler ihr Herz an Fischerhude verloren haben, kann man nach einer Erkundungstour durch das malerische Dorf nur allzu gut nachempfinden: Wiesen, Felder, Wälder, alte Bauernhöfe und viel Wasser bieten wunderschöne Motive; Weiden und Bauerngärten fügen sich harmonisch in die Landschaft ein. Die Kirche, das Heimathaus Irmintraut mit Backhaus, Kornhaus und Bootsschuppen sowie die Dorfwiese bilden den Mittelpunkt von Fischerhude.

Ein ruhiges Plätzchen, an dem man sich fast wie in Bullerbü fühlt, ist der Nordarm der Wümme. Über den Hinrich-Schloen-Weg gelangt der Wanderer an diesen Ort. An den flacheren Uferstellen tapsen die Kinder ins Wasser und lassen Schiffchen aus Rinde und anderen Naturmaterialien schwimmen. Von der Holzbrücke aus beobachten sie gespannt, wann eines vorbeitreibt.

Egal welchen der ausgeschilderten Wanderwege (Diedrich-Speckmann-Weg, Otto-Modersohn-Weg, Heinrich-Breling-Weg, Christian-Modersohn-Weg) man als Nächstes einschlägt – früher oder später führen sie alle am Wasser entlang oder darüber hinweg. Neben Stegen und Brücken gibt es alte Entenhäuser und Bootsschuppen zu entdecken. Auf dem Rückweg zum Parkplatz durch das Dorf stehen hier und da Bücherschränke, Verkaufstische mit Selbstgemachtem oder Kunst »to go« an der Straße, die Verschenke-Kisten scheinen ihren Zweck ebenso zu erfüllen.

TIPP: Im Puppen-Café im Eichenhof (Kirchstraße 10) zaubern die Inhaber nachmittags Kuchen und Torten auf den Tisch, die nach altbewährtem Hausfrauenrezept gebacken werden. Um möglichst viele davon zu probieren, darf man sogar halbe Stücke bestellen (www.puppen-cafe.de).

Adresse Ausgangspunkte für Wanderungen sind die Parkplätze an der Straße »Im Krummen Ort« oder am Sportplatz, Wilhelmshauser Straße, 28870 Ottersberg-Fischerhude // **Anfahrt** A 1, Ausfahrt Oyten, Richtung Oyten, Schildern Richtung Fischerhude folgen // **Öffnungszeiten** immer zugänglich, mehr Infos unter www.fischerhude.com

100_CAMPING AM FALKENSTEINSEE

Ankommen und ausspannen in der Natur

Dieses schöne Fleckchen Erde zwischen Oldenburg und Bremen hat alles, was es für einen erholsamen Aufenthalt braucht – ganz gleich, ob Familien als Tagesbesucher, Camper oder Feriengäste anreisen. Übernachten geht klassisch in Zelt, Wohnwagen, Wohnmobil oder Ferienhaus. Wer es ausgefallener mag, nächtigt im Stelzenhaus, im Hobbithaus-ähnlichen »POD« oder im Campingfass. Für welche Variante man sich auch entscheidet – der Seeblick ist inklusive.

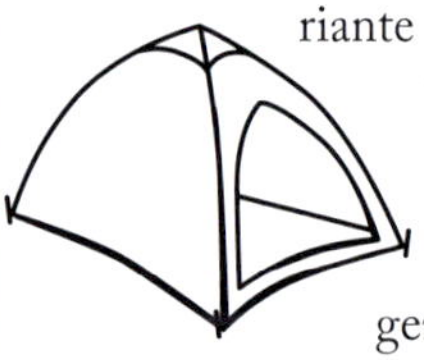

Im Jahr 2012 haben Rieke Meiners und ihr Mann Rik Geiger den Campingplatz übernommen und aus dem Dornröschenschlaf geweckt. Die Mühe hat sich ausgezahlt, ist der Platz doch mehrfach ausgezeichnet worden, unter anderem für die kinderfreundlichen sanitären Anlagen.

Das Freizeitangebot ist umfangreich: Drei Sandstrände am Natursee und eine Liegewiese warten auf Badegäste, Surfbretter treiben zur freien Nutzung herum. Sportlich betätigen sich die Urlauber beim Boule, Basketball, Fußball und Tischtennis, oder sie spielen Minigolf auf der 18-Loch-Anlage mit Blick auf den See. Ein Lieblingsort für Kinder ist der Spielplatz mit Rutsche, Nestschaukel und Kletterschiff.

Bei Regen kann man es sich in der Camper-Diele gemütlich machen, lesen, kickern, fernsehen oder Gesellschaftsspiele ausleihen. Für den täglichen Bedarf gibt es einen Minimarkt, einen Imbiss sowie das Restaurant & Café SeeHuus mit Seeterrasse. Hunde sind im Park willkommen. Für sie gibt es einen eigenen See mit Wiese, Dusche und Agility-Platz.

Adresse Falkensteinsee 1, 27777 Ganderkesee // **Anfahrt** A 28, Ausfahrt Hude/Steinkimmen, von der Autobahn links, an der Ampelkreuzung links und den Schildern folgen // **Öffnungszeiten** ganzjährig, Buchungsanfragen per Tel. 04222/9470077 oder per E-Mail an camping@falkensteinsee.de, alle Infos unter www.falkensteinsee.de

TIPP: Modellbauer dürfen das ganze Jahr über als Tagesbesucher vom Steg auf der Halbinsel aus ihre Schiffe auf dem Falkensteinsee fahren lassen (außer der See friert zu). Jedes Jahr zu Himmelfahrt treffen sich Mitglieder verschiedener Modellboot-Vereine, um ihre Schiffe vorzuführen.

101_DIE KLOSTERRUINE

Eine Zeitreise ins 13. Jahrhundert

Ein mittelalterliches Bauwerk befindet sich mitten in Hude, im Landkreis Oldenburg. Dort wandeln die Besucher zwischen den etwa 15 Meter hohen, uralten Gemäuern einer ehemaligen Klosterkirche umher, die aus dem 13. Jahrhundert stammt. Das ehemalige Zisterzienserkloster wurde 1536 aufgegeben und diente (man mag es nicht glauben) als Steinbruch. Glücklicherweise kaufte die Familie von Witzleben 1687 das Gut, sodass mehr als 20 Bau- und Kulturdenkmäler sowie Schutzgebiete erhalten werden konnten. Die Ruine wurde mit einem Schutzzaun versehen und ist zu den Öffnungszeiten des kleinen Museums zugänglich. Dieses hat der Verein »Freunde des Klosters Hude« in einem einstigen Tanzsaal eingerichtet. Für Kinder gibt es dank eines pädagogischen Konzepts für Schulklassen dort etliches zu entdecken: Sie schlüpfen in eine Mönchskutte, schmökern in der Leseecke in Kinderbüchern über das Klosterleben und legen Muster

mit Bodenfliesen, welche die Mönche damals herstellten. In der Malwerkstatt gestalten sie den Anfangsbuchstaben ihres Namens und üben sich im Skriptorium (Schreibstube) mit Tinte und Gänsefeder.

Ihre künftigen Archäologen werden die Eltern so schnell nicht aus der Sandkiste im Außenbereich locken können. Denn dort haben Kinder die Möglichkeit, nach Tonscherben zu graben. An einem Modell des ehemaligen Klosters, an dem die heutige Ruine rot dargestellt ist, lässt sich für junge Besucher gut nachvollziehen, wie riesig das komplette Bauwerk einst gewesen sein muss.

Adresse Von-Witzleben-Allee 1a, 27798 Hude // Anfahrt A 28, Ausfahrt Hude, Richtung Hude, im Ortskern den Schildern folgen // Öffnungszeiten April–Okt. Fr, Sa, So und feiertags 13–17 Uhr, mehr Informationen und Anmeldung zu Führungen unter www.klosterhude.de

TIPP: Vom Parkplatz kommend, führt der Weg an den Jacobsschafen vorbei. Unterhalb der Wassermühle schlängelt sich der Pfad zum Klostermuseum empor; auf der anderen Seite der Mühle ist ein Wanderweg am Huder Bach ausgeschildert. Folgt man ihm hinter der Unterführung und überquert die Straße, geht es links auf einen kleinen Spielplatz.

102_ DER URWALD IM HASBRUCH

Im Reich der knorrigen Baumriesen

Morgens ist die schönste Zeit für einen Spaziergang im Hasbruch, denn dann ist die Chance groß, Rehen, Eichhörnchen und Spechten zu begegnen. Zu jeder Jahreszeit hat eine Wanderung im Naturschutzgebiet Hasbruch ihren Reiz – ob im Frühjahr zur Blütezeit der Buschwindröschen oder im Herbst, wenn die Bäume sich in ein farbenprächtiges Kleid hüllen. Die Wanderer bleiben auf den Wegen, damit seltene Pflanzen und Tiere geschützt werden. Wo sonst lernen Kinder einen achtsamen Umgang mit der Natur als in einem urigen Naturwald? Staunend stehen sie vor der knorrigen Friederiken-Eiche, deren Alter auf mehr als 1.200 Jahre geschätzt wird, oder sie beobachten, welche Tiere im Totholz krabbeln. Den Wald von oben erleben sie auf dem zwölf Meter hohen Aussichtsturm. Von hier aus sieht man die Jagdhüttenwiese und den Bach Brookbäke, der sich durch den Wald schlängelt. Apropos schlängelt: Startet man die Tour vom Parkplatz Hedenkampstraße aus, ist es nicht unwahrscheinlich, auf einen Feuersalamander zu treffen.

Ein Urwald, wie im Dschungelbuch, ist der Hasbruch zwar nicht, dennoch sind Teile als Urwald benannt, da er in bestimmten Bereichen sich selbst überlassen wird. Leider musste der »Urwaldpadd« gesperrt werden, um seltene Tier- und Pflanzenarten vor zu aufdringlichen Menschen zu schützen. Im Süden des Hasbruchs hinter Elektrozäunen weiden seit 2023 Schottische Hochlandrinder, so wie es vor Jahrhunderten im alten Hutewald Brauch war. Das Waldweideprojekt soll zu einer höheren Artenvielfalt beitragen.

TIPP: Urig ist auch das Ambiente in der Waldschänke am Fernsehturm Steinkimmen, Am Sender 53, in Ganderkesee. Auf dem Spielplatz mit den betagten, aber noch funktionsfähigen Geräten werden Kindheitserinnerungen wach (geöffnet Mi–Sa ab 14 Uhr, So und Feiertage ab 11 Uhr, www.waldschaenke-steinkimmen.de).

Adresse Revierförsterei Hasbruch, Am Forsthaus 4, 27798 Hude-Vielstedt (Startpunkt der Wanderung) // **Anfahrt** A 28, Ausfahrt Hude, Richtung Hude, Parkplätze am Forsthaus nach circa 1 Kilometer // **Öffnungszeiten** jederzeit zugänglich, Infos unter www.hasbruch.de

103_DIE WESER SIDE GALLERY

Graffiti-Kunst am laufenden Band

Wäre das Farbflut-Festival 2018 nicht gewesen, würde man auf dem Weserradweg in Lemwerder an einer grauen Hochwasserschutzwand vorbeiradeln. Dem Festival sei Dank, erstreckt sich dort heute eine rund 1.000 Meter lange Freiluft-Galerie, die zu den größten des Landes gehört. An dem Urban-Art-Event, das von Bremer Kulturschaffenden initiiert wurde, beteiligten sich rund 200 regionale und internationale Sprayer. Sie haben sich mit vielfältigen Motiven an der etwa drei Meter hohen Spundwand verewigt.

Kunst liegt ja bekanntlich im Auge des Betrachters, und vielleicht wird dieser nicht mit allen Abbildungen etwas anfangen können. Ein Hingucker sind die Graffiti-Werke dennoch! Von fröhlich-bunt bis seltsam-skurril ist alles vertreten: die Bremer Stadtmusikanten, Homer Simpson, das weiße Kaninchen aus Alice im Wunderland, ein riesiges Krokodil und andere Kreaturen leuchten in kräftigen Farben auf dem Beton.

Für die Kids gibt es hier eine Menge zu gucken. Sie werden es lieben, auf dem glatten Asphalt zwischen Weser und Graffiti-Kunst entlangzudüsen. Am Ende der Galerie steht eine Bank zum Verschnaufen, bevor es weiter an der Weser entlang oder wieder zurück zum Ausgangspunkt geht. Hinter der Bank ist eine Art zufällige Skaterfläche entstanden. So dicht an der Weser kann man natürlich auch prima Schiffe »kieken« – nicht selten schippern hier dickere Pötte vorbei.

Adresse Flughafenstraße 9, 27809 Lemwerder // Anfahrt Fähre Lemwerder-Vegesack, 1. Straße links // Öffnungszeiten immer zugänglich

TIPP: Genau 64 Treppenstufen sind es bis zur Plattform des Turms »Weitblick«. Aus einer Höhe von etwa 25 Metern genießen die Besucher den Blick auf die Weser, die Mündung der Lesum und Vegesack. Von hier oben sieht der große Schiffsanker am Boden ganz klein aus. Am Fuße des Aussichtsturms gibt es ein paar Kletter-, Wipp- und Balancier-Möglichkeiten.

104_DIE QUELLSEEN

Pack die Badehose ein!

Baden in Naturgewässern ist nicht jedermanns Sache, besonders wenn man die eigenen Beine nicht mehr sehen kann und glitschige Algen die Wade umschlingen. Doch von Bremen aus brauchen Wasserratten gar nicht so weit zu fahren, und sie erreichen ein natürliches Badeparadies. Bei den Ohlenstedter Quellseen am Rand von Osterholz-Scharmbeck haben Familien, nachdem das Kassenhäuschen hinter ihnen liegt, die Wahl: Schlagen sie die Picknickdecke am Ohlenstedter Quellsee, am Maritimsee oder Goldbergsee auf?

Eines haben alle drei Gewässer gemeinsam: einen schönen Sandstrand und klares Wasser, in das man sich nur allzu gerne stürzen möchte. Wenn es sehr heiß ist, kann es rund um die Seen schnell voll werden; das sollte man vor der Anreise bedenken. Ansonsten steht dem feuchtfröhlichen Vergnügen mit oder ohne Taucherbrille nichts im Wege. Man kann sogar ein Tretboot mit integrierter Rutsche mieten und mitten auf dem See in die Fluten sausen, oder man packt das aufblasbare Einhorn ein und dümpelt darin über das Wasser.

Obwohl die DLRG vor Ort stationiert ist, sollten Eltern immer ein wachsames Auge auf den Nachwuchs haben und sich mit ihm bevorzugt in den Nichtschwimmerbereichen aufhalten. Es empfiehlt sich außerdem, einen Sonnenschirm oder eine Strandmuschel mitzubringen, da die Schattenplätze begrenzt sind. Abgesehen davon lässt die Infrastruktur mit Campingplatz, ausreichend Parkplätzen, sanitären Anlagen, Gaststätte, Imbiss und Kinderspielplatz keine Wünsche offen.

Adresse Büttel, 27711 Osterholz-Scharmbeck // Anfahrt B 74 Richtung Osterholz-Scharmbeck, Abfahrt Richtung Hülseberg, der Westerbecker Straße bis nach Büttel folgen // Öffnungszeiten ab Juni täglich 8–22 Uhr, aktuelle Infos auf dem Facebook-Kanal »Ohlenstedter Quellseen«, Hunde sind nicht erlaubt

TIPP: Von den Ohlenstedter Quellseen bis zum Tiergarten Ludwigslust (Garlstedter-Kirchweg 31) sind es gerade mal zehn Autominuten. In der Saison von April bis Oktober ist er täglich von 9.30 bis 18 Uhr geöffnet (www.tiergarten-ludwigslust.de).

105_DAS QUELKHORNER MOOR

Unheimlich wertvoll

Moore sind gar nicht so schaurig, wie man denkt, auch wenn sie häufig mit Gruselgeschichten in Verbindung gebracht werden und es dort naturgemäß etwas muffig riecht. Intakte nasse Moore sind einzigartige Biotope und selten gewordene Entdeckerwelten – wie das Quelkhorner Moor in der Nähe von Fischerhude.

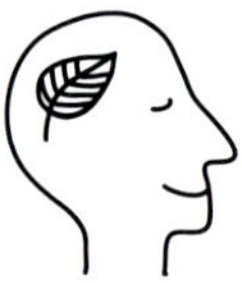

Bis in die 1960er Jahre wurde dort Torf abgebaut und als Brennmaterial verwendet. Durch die intensive Nutzung und Entwässerung trocknete das Moor aus. Der damalige Fischerhuder Bürgermeister Dr. Jochen Bertzbach, der als Kind selbst beim Torfstich mit anpacken musste, setzte sich später für die Wiedervernässung und Renaturierung des Moores ein. An ihn erinnern heute eine Bank, das Schild »Jochens Weg« und ein Gedicht der Autorin Pille Hillebrand am Eingang zum Quelkhorner Moor.

Bei einer Wanderung auf dem schmalen Pfad lassen sich Tiere und Pflanzen beobachten, die typisch für diesen Lebensraum sind, darunter Libellen, Frösche, Kreuzottern, Sonnentau, Rosmarinheide und die Puschel des blühenden Wollgrases (beste Zeit im Mai). Manchmal ziehen auch Kraniche über den dunklen Moorseen ihre Kreise.

Im Sommer sind Heidschnucken und Ziegen eine Woche lang im Einsatz. Einmal jährlich wird »entkusselt« (entfernen von jungen Gehölzen), um das Moor zu schützen. Moore binden nämlich mehr klimaschädliches Kohlenstoffdioxid als alle Wälder zusammen. Zusätzlich filtern sie Schadstoffe und speichern Unmengen an Wasser. Wer die Moore schützt, schützt also auch unser Klima.

TIPP: Eine kalte Erfrischung nach dem Moorausflug gibt es beim Café Lindenlaub (Wilhelmshauser Straße 2) in Form von hausgemachtem Eis (www.cafe-lindenlaub.de).

Adresse Am Mühlenberg, 28870 Ottersberg // Anfahrt A 1, Ausfahrt Posthausen, Richtung Ottersberg, links nach Quelkhorn abbiegen // Öffnungszeiten jederzeit; der Weg durch das Moor führt geradeaus und darf nicht verlassen werden; für eine »kleine Moorrunde« dem Weg durch den Wald folgen, am Acker angekommen auf dem Damm links halten; bitte Rücksicht nehmen auf Pflanzen und Tiere, Müll wieder mitnehmen // ab 5 Jahre

106_KINDERYOGA

Asanas mit Alpakas

Den Alltag eine Zeit lang ausblenden, zur Ruhe kommen, in sich selbst hinein horchen – durch Yoga lernen Kinder ihren Körper besser kennen und finden einen Weg, sich zu entspannen und im Hier und Jetzt zu sein. Außergewöhnlich sind Asanas in der freien Natur inmitten von Alpakas; ein Erlebnis, das Yogalehrerin Inka Mühlbrandt und Alpakahof-Besitzerin Martina Osmers in Oyten ermöglichen – sowohl für Kinder als auch für Erwachsene.

Alpakas werden aufgrund ihrer sanften, meditativen Art als »Delfine der Weide« bezeichnet und zu Therapiezwecken eingesetzt. Sie bewegen sich während der Yogastunde frei auf der Wiese. Manchmal schnuppern sie neugierig oder stupsen die Menschen leicht an, was diesen wiederum ein Lächeln ins Gesicht zaubert, oder sie demonstrieren eindrucksvoll, dass auch Alpakas sehr gelenkig sein können. Noch dazu sind sie sehr reinliche Tiere und haben eine feste Toilettenstelle. Somit braucht niemand Sorge haben, seine Sportmatte auf Alpaka-Dung auszubreiten.

Mit Hilfe von Phantasiereisen, bei deren Ausgestaltung die Kinder aktiv mit eingebunden werden, und im Beisein der Tiere fällt es leicht, den Stress loszulassen. Durch abwechslungsreiche Übungen wie Katze, Baum oder Schmetterling entwickeln die Kinder ein gesundes Körpergefühl, stärken ihr Selbstbewusstsein und verbessern die Konzentration. Nach dem Yoga bleibt noch etwas Zeit, um sich den Alpakas zu widmen und diese mit Leckerlis zu belohnen.

TIPP: Genug entspannt? Wie wäre es mit Action auf dem Wasser? Im Aquapark auf dem Oyter See will ein Kletterparcours mit Rutschen und Sprungtürmen bezwungen werden. Mitmachen darf, wer mindestens zehn Jahre alt ist und gut schwimmen kann (www.wakegarden-oyten.de).

Adresse Alpakahof Oyten, Achimer Straße 57, 28876 Oyten // **Anfahrt** A 1, Ausfahrt Oyten, Richtung Achim, 1. Straße rechts abbiegen // **Öffnungszeiten** aktuelle Termine und Infos unter www.alpakahof-oyten.de // ab 6 Jahre

107_DAS MÜHLENENSEMBLE

Es klappert die Mühle am rauschenden Bach

In Heiligenrode, in der niedersächsischen Gemeinde Stuhr, liegt ein romantisches Fleckchen Erde: das Mühlenensemble Heiligenrode. Herzstück ist die funktionsfähige Wassermühle aus dem Jahr 1843. Das wuchtige Mühlrad dreht sich – ein Schauspiel, das sich von verschiedenen Positionen aus gut beobachten lässt. Wichtig zu wissen: Die Mühle ist nicht immer geöffnet, von außen kann man sie aber jederzeit besichtigen. Getreide mahlen die Mühlsteine im Inneren nicht mehr, auch wenn das Thema »Vom Korn zum Brot« bei Führungen von Kindergartengruppen und Schulklassen im Mittelpunkt steht und die Mühlen-Gemeinschaft Heiligenrode die Technik in Schuss hält. Die Kraft des Mühlrades und einer Wasserturbine wird heute mit Hilfe eines sogenannten Kinetotherms in Wärmeenergie umgewandelt.

Zum Ensemble, das ursprünglich zu einem 1182 gegründeten Benediktinerkloster gehörte, zählen neben der Wassermühle die Mühlenscheune, das alte und das neue Müllerwohnhaus sowie das alte Backhaus. An besonderen Tagen backt der Heimatverein dort Butterkuchen und Brot.

Wenn sich die Kinder am Werk des Mühlrades sattgesehen haben, verläuft der Pfad weiter entlang des Klosterbaches. Am imposanten Mammutbaum vorbei führt er in ein Wäldchen. Von dort ist es dann nicht mehr weit bis zum großen Spielplatz an der Grundschule Heiligenrode, der wochentags nach Schulschluss sowie an Wochenenden und Feiertagen für alle zugänglich ist.

Adresse An der Wassermühle 5, 28816 Stuhr-Heiligenrode // Anfahrt A 1, Ausfahrt Delmenhorst-Ost, Richtung Groß-Mackenstedt, Richtung Heiligenrode der L439 folgen // Öffnungszeiten 1., 3. und gegebenenfalls 5. Sa im Monat circa 13.30–17.30 Uhr, zusätzlich an Aktionstagen: Mühlentag (Pfingstmontag), Tag des offenen Denkmals (2. So im Sept.), Tag der Regionen (Okt.) oder auf Anfrage für Gruppen, mehr Infos: www.muehle-heiligenrode.de

TIPP: Gelegenheit für das mitgebrachte Picknick ist im schön angelegten Reisegarten mit Pavillon am Mühlenteich. Ansonsten sind das Eiscafé Mulino und die Klosterbäckerei ganz in der Nähe.

108_ DER WARWER SAND

Wie Sand am Meer

Dieser Ort übt zu jeder Jahreszeit eine große Anziehungskraft auf Kinder aus. Im Warwer Sand bei Stuhr-Fahrenhorst können sie sich stundenlang austoben. Vom Parkplatz aus führt der Weg Richtung Wald und gleich nach den Informationsschildern einen Hügel hinauf, vorbei an in die Luft ragenden Wurzeln. Der Weg schlängelt sich weiter durch ein Waldstück, das nach wenigen hundert Metern lichter wird und den Blick auf die malerischen Sanddünen freigibt.

Bei dem Anblick gibt es für die Kids kein Halten mehr: Schuhe und Socken fliegen, und schon beginnt das Wettrennen von der Anhöhe bis in die Mitte der riesigen Sandmulde. Während es sich die Erwachsenen auf Bänken, Baumstämmen oder der Picknickdecke bequem machen, buddelt der Nachwuchs sich durch den weichen Sand, baut Behausungen aus Ästen oder balanciert auf den herumliegenden Baumstämmen.

Im Sommer ist der Sand so fein wie am Meeresstrand, nicht selten haben die Besucher Frisbees, Bälle oder Badmintonschläger dabei. Man kann eine Vielzahl von Insekten beobachten – und in der Abenddämmerung mit etwas Glück auch Fledermäuse.

Bei kühlerer Witterung ist der sandige Untergrund wie geschaffen, um Fernlenkautos über die Hügel brettern zu lassen – dann staubt es nicht so doll. Und sollte im Winter tatsächlich mal Schnee liegen, lässt es sich im Warwer Sand auch mit dem Schlitten den Hang hinunterrodeln.

TIPP: Etwa fünf Autominuten von hier (Dahlienweg 6a) liegt der »Wipfelstürmerwald«, der von April bis Oktober Saison hat. Termine zum Klettern, ob allein oder gesellig, sind online buchbar (www.wipfelstürmerwald.de).

Adresse Parkplatz Warwer Sand an der Ristedter Straße, 28816 Stuhr // **Anfahrt** A 1, Ausfahrt Bremen/Brinkum, B 6/B 51 Richtung Bassum, auf der B 51 den Schildern Richtung Ristedt folgen, Parkplätze hinter der Ortschaft Warwe auf der rechten Seite // **Öffnungszeiten** frei zugänglich

109_DIE WOLFSSCHLUCHT

Von Isegrim und dem Baum der Wünsche

Im Syker Friedeholz gibt es einen Ort, der Raum für ganz viel Phantasie lässt. Die Wolfsschlucht mit ihren steil abfallenden Hängen ist von Wald umgeben und ideal, um die Kinder laufen, klettern und spielen zu lassen. Keine Angst: Auf Wölfe treffen sie hier nicht. Niemand weiß genau, warum es überhaupt »Wolfsschlucht« heißt. Vielleicht, weil es wie das Heulen eines Wolfes klingt, wenn der Wind durch die Schlucht weht? Auf jeden Fall bietet dieser Platz die passende Kulisse für Märchen, weshalb sie im Sommer als Freilichtbühne für Theateraufführungen und auch für Konzerte genutzt wird.

Ein schönes Ausflugsziel für Familien ist die Wolfsschlucht zu jeder Jahreszeit. Folgt man dem Wanderweg oberhalb der Schlucht, trifft dieser auf einen Forstweg. Auf dem Areal finden sich immer wieder Tipis aus Ästen, die weitergebaut werden wollen und Baumstämme zum Balancieren. Für ein Picknick bietet sich der Märchenplatz an. Die robusten Skulpturen des Künstlers Detlef Voges sind zum Spielen gedacht.

Ganz in der Nähe der bunten Figuren steht ein besonderer Baum. Der Legende nach kann die Kastenbeinbuche, die nach dem ehemaligen Syker Förster Heinrich Kastenbein benannt ist, Wünsche erfüllen. Dazu schlüpft der Wanderer in den Spalt zwischen den beiden zusammengewachsenen Stämmen – natürlich nicht, ohne dabei den Baum zu umarmen und ganz fest an den Wunsch zu denken. Und erst, wenn dieser sich erfüllt hat, darf man sich bei der Buche erneut etwas wünschen.

TIPP: Auf der gegenüberliegenden Straßenseite liegt das Kreismuseum Syke, ein lebendiger Geschichtsort, der Themen von der Steinzeit bis in die Gegenwart anschaulich präsentiert. Für Kinder gibt es einen großzügigen Kletterspielplatz auf dem Außengelände (www.kreismuseum-syke.de).

Adresse Herrlichkeit, 28857 Syke // **Anfahrt** B 6 Richtung Syke, Parkplätze am Waldfriedhof // **Öffnungszeiten** immer zugänglich

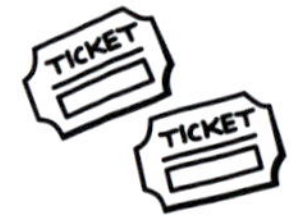

110_DER MOOREXPRESS

Auf Schienen von Bremen nach Stade

Eine Fahrt mit dem historischen Moorexpress, der von einigen auch liebevoll »Moormolly« genannt wird, ist für Kinder und Erwachsene ein besonderes Erlebnis. Mit ihren schon von Weitem sichtbaren roten Wagen erschließt die Bahn seit über einem Jahrhundert die Landschaft des Teufelsmoors. In der Sommersaison tuckert der »Express« von Mai bis Oktober in gemächlichem Tempo auf der Strecke zwischen Bremen, Osterholz-Scharmbeck, Worpswede, Gnarrenburg, Bremervörde und Stade hin und her.

Mehr als 20 Haltepunkte bieten die Gelegenheit, Land und Leute kennenzulernen, Sehenswürdigkeiten zu besuchen oder die nächste Fahrradtour mit der Familie zu planen. Je nachdem, welcher Zug fährt, passen entweder 25 (roter Zug) oder zehn Drahtesel (blau-weißer Zug) in den separaten Waggon. Es ist deshalb ratsam, Sitz- und Fahrradplätze rechtzeitig kostenlos zu reservieren. Fahrkarten gibt es online oder direkt an Bord. Getränke und Snacks können während der Fahrt gekauft werden. Gut zu wissen für Eltern und lustig für die Kiddies: In jedem Wagen befindet sich eine Toilette nach Originalbauart mit Blick auf das Gleis.

Die großen Fenster in den Waggons ermöglichen einen herrlichen Panoramablick auf die vorbeiziehenden Wiesen, Felder und Moorflächen. Nicht nur im Sommer, auch in der Adventszeit ist eine Fahrt mit dem Moorexpress sehr reizvoll. Beliebt ist zum Beispiel die Tour zum Weihnachtsmarkt in Stade, die von Osterholz-Scharmbeck aus startet.

Adresse ab Bremen Hauptbahnhof, 28195 Bremen-Bahnhofsvorstadt // Öffnungszeiten Hauptsaison Mai–Okt., Fahrpläne-Flyer mit aktuellen Tarifen, Streckenplan und weiteren Infos steht auf der Seite www.moorexpress.de zum Download bereit

TIPP: An den Fahrsamstagen haben Gäste die Option, ihre Zugmit einer Torfkahnfahrt zu verbinden. Diese muss vorher allerdings separat bei der Tourist-Information für Worpswede und das Teufelsmoor gebucht werden (www.worpswede-touristik.de).

111_DER BAUMPARK

Klimadetektive auf Entdeckungstour

Geweihbaum, Pimpernuss oder Gummi-Ulme – im Baumpark Thedinghausen wachsen Bäume in den Himmel, von denen viele Besucher vorher noch nie etwas gehört haben. 71 Gattungen aus 450 Arten und Sorten können sie bei einem Rundgang entdecken. Das Schöne ist: Die Wiesen dürfen betreten und die Bäume erkundet werden. Tische und Bänke laden zu einem Picknick ein.

Um den Baumpark zu erforschen, haben sich Auszubildende der Samtgemeinde Thedinghausen und der Klimaschutzagentur »kleVer« eine Rallye ausgedacht: Einfach die Fragen für Kinder ab acht oder zehn Jahren zu Hause ausdrucken und den Stift nicht vergessen.

Startpunkt ist der Platz vor dem Schloss Erbhof. Von dort rätseln sich die »Klimadetektive« durch die Jahrhundertallee, gelangen zum Heckenkreis und zu einem über 400 Jahre alten Baumriesen, der mitten im Park liegt. Was das für ein Baum ist und wie er dort hinkam, finden die Kinder heraus, ebenso, warum Bäume wichtig für die Umwelt sind. Am Ende wartet in der Touristinfo eine kleine Belohnung.

Je nachdem, zu welcher Jahreszeit Familien den Park besuchen, hat dieser ein anderes Erscheinungsbild – von den ersten zarten Trieben über die Blütenpracht und die Herbstlaubfärbung bis hin zum »Winterschlaf« der meisten Baumarten. Unverändert bleiben der naturnahe Kletterspielplatz, die Trimm-dich-Geräte und die Bouleflächen. Für Letztere sind in der Touristinfo Kugeln gegen Pfand ausleihbar.

TIPP: Am Baumpark vorbei fließt ein Fluss mit »E«. Der Name wird hier aber nicht verraten. Kanutouren auf der »E« eignen sich gut für Anfänger und Familien aufgrund der geringen Fließgeschwindigkeit. Eine Verleihstation für Kanus gibt es zum Beispiel bei der Kanuscheune in Bremen.

Adresse Braunschweiger Straße 1, 27321 Thedinghausen // **Anfahrt** im Ortskern Thedinghausen der L 203 Richtung Verden folgen, der Park befindet sich im Bereich des Ortsausgangs auf der rechten Seite // **Öffnungszeiten** der Park ist immer zugänglich, Touristinfo Mo, Mi, Fr 9–13 Uhr, Di, Do 9–16 Uhr, Fragen für die Rallye ausdrucken auf www.thedinghausen.de (Suche: »Rallye«), WC und Gastronomie vor Ort, barrierefrei

1
Gröpelingen
Gröpelinger Heerstraße
Kleine Wümme
A27
51
53
63
Bremerhavener Straße
82
Walle
73
62
19
Konsul-Smidt-Straße
Nordstraße
24
92
Weseruferpark
3
Findorff
60
Weser
Woltmershausen
45
72
36
BREMEN
13
A281
Oldenburger Straße
23
Neustadt
Neuenlander Straße
Oldenburger Straße
Grolland
Huchting
22
N
Park links der Weser
16
0 300 m

2
Borgfeld
78
27
Stadtwaldsee
A27
12
76
Lilienthaler Heerstraße
58
Heerstraße
29
Leher
Parkallee
85
31
Oberneuland
77
38
Bürgerpark
Schwachhauser Heerstr.
Rhododendron-Park
Schwachhauser Ring
Schwachhausen
Vahr
Kurfürstenallee
In der Vahr
Bismarckstraße
Stresemannstraße
26
74
Osterdeich
94
75
Hastedt
Sebaldsbrück
Hastedter Osterdeich
Sebaldsbrücker Heerstr.
1
83
80
70
Weser
Habenhauser Brückenstraße
Habenhausen
39
Hemelingen
Neuenlander Straße

3
Findorff
Weidedamm
Eickedorfer Straße
Utbremer Straße
Bürgerpark
Findorffstraße
Hollerallee
Bürgerweide
Breitenweg
Daniel-v.-Büren-Straße
Hermann-Böse-Straße
Bahnhofsplatz
Am Wall
Bürgermeister-Smidt-Straße
Rembertiring
Langemarckstraße
Martinistraße
Am Wall
Fesenfeld
Wilhelm-Kaisen-Brücke
Ostertorsteinweg
Sielwall
Neustadt
Weser
Osterdeich
Friedrich-Ebert-Straße
Buntentorsteinweg
N
0 125 m
89
15
18
88
52
49
65
17
84
110
8
28
46
14
57
66
40
71
43
81
54
37
56
79
69
64
67
11
34
86
6
50
87
68
35
59
32
9
91
41
48

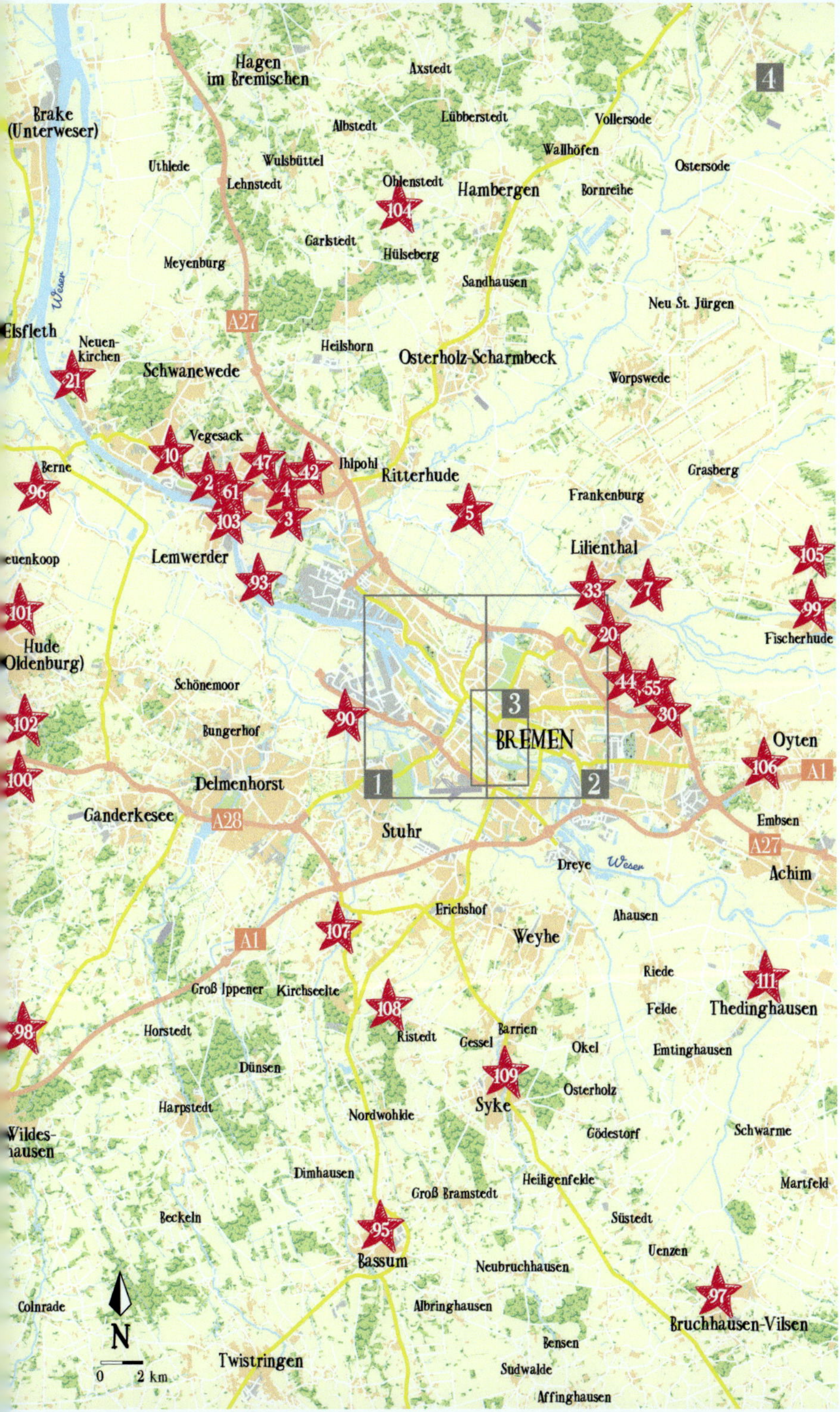
4
Hagen
im Bremischen
Axstedt
Brake
(Unterweser)
Albstedt
Lübberstedt
Vollersode
Wallhöfen
Uthlede
Wulsbüttel
Ostersode
Lehnstedt
Ohlenstedt
Hambergen
Bornreihe
104
Garlstedt
Hülseberg
Meyenburg
Sandhausen
Weser
Neu St. Jürgen
A27
Elsfleth
Neuen-
kirchen
Heilshorn
Osterholz-Scharmbeck
Schwanewede
21
Worpswede
Vegesack
10
47
42
Ihlpohl
Ritterhude
Berne
2
61
4
Grasberg
96
5
Frankenburg
103
3
Lilienthal
Lemwerder
105
euenkoop
93
33
7
101
99
20
Fischerhude
Hude
Oldenburg)
Schönemoor
44
55
3
90
30
102
Bungerhof
BREMEN
Oyten
106
100
A1
Delmenhorst
1
2
Ganderkesee
A28
Embsen
Stuhr
A27
Dreye
Weser
Achim
Erichshof
Ahausen
107
Weyhe
A1
Riede
111
Groß Ippener
Kirchseelte
108
Felde
Thedinghausen
98
Horstedt
Ristedt
Barrien
Gessel
Okel
Emtinghausen
Dünsen
109
Osterholz
Harpstedt
Syke
Nordwohlde
Wildes-
ausen
Gödestorf
Schwarme
Dimhausen
Heiligenfelde
Martfeld
Groß Bramstedt
Beckeln
Süstedt
95
Uenzen
Bassum
Neubruchhausen
97
Colnrade
Albringhausen
N
Bruchhausen-Vilsen
Bensen
0
2 km
Twistringen
Sudwalde
Affinghausen

Meike Spanner, Stephan Hollich
111 Orte für Kinder in Ostfriesland, die man gesehen haben muss
ISBN 978-3-7408-1095-5

Sina Beerwald
111 Orte für Kinder auf Sylt, die man gesehen haben muss
ISBN 978-3-7408-0840-2

Katja Josteit
111 Orte für Kinder in Kiel, die man gesehen haben muss
ISBN 978-3-7408-0641-5

Alexandra Schlennstedt, Jost Schlennstedt
111 Orte für Kinder in und um Lübeck, die man gesehen haben muss
ISBN 978-3-7408-0845-7

Daniela Clément
111 Orte für Kinder in Hamburg, die man gesehen haben muss
ISBN 978-3-7408-1519-6

Isa Grütering, Natascha Korol, Theresia Koch
111 Orte für Kinder in Berlin, die man gesehen haben muss
ISBN 978-3-7408-1546-2

Janine Eck, Kristina Offermann
111 Orte für Kinder in Potsdam und Brandenburg, die man gesehen haben muss
ISBN 978-3-7408-0977-5

Cornelia Kuhnert, Günter Krüger
111 Orte für Kinder in und um Hannover, die man gesehen haben muss
ISBN 978-3-7408-1293-5

Anna Sophie Pietsch
111 Orte für Kinder im Ruhrgebiet, die man gesehen haben muss
ISBN 978-3-7408-1603-2

Martin Berke, Nina Fandler
111 Orte für Kinder in und um Düsseldorf, die man gesehen haben muss
ISBN 978-3-7408-0972-0

Christina Bacher, Norbert Breidenstein
111 Orte für Kinder in Köln, die man gesehen haben muss
ISBN 978-3-7408-1776-3

Diana-Isabel Scheffen, Andrea Tuschka, Sarah Larissa Heuser
111 Orte für Kinder in und um Bonn, die man gesehen haben muss
ISBN 978-3-7408-1300-0

Carina Hirdes
111 Orte für Kinder in Nordhessen, die man gesehen haben muss
ISBN 978-3-7408-1627-8

Julia Tzschätzsch
111 Orte für Kinder in Frankfurt, die man gesehen haben muss
ISBN 978-3-7408-0686-6

Charlotte Mohs
111 Orte für Kinder in Mainz, die man gesehen haben muss
ISBN 978-3-7408-0665-1

Julia Schönborn
111 Orte für Kinder in Heidelberg, die man gesehen haben muss
ISBN 978-3-7408-0989-8

Marion Demme-Zech
111 Orte für Kinder im Saarland, die man gesehen haben muss
ISBN 978-3-7408-1205-8

Muriel Brunswig
111 Orte für Kinder im Schwarzwald, die man gesehen haben muss
ISBN 978-3-7408-1268-3

FOTONACHWEIS

© der Fotografien: Daniela und Jens Krause, außer:
Ort 8: Bremer Volkshochschule; Ort 12: ZARM, Universität Bremen; Ort 14: Final Escape; Ort 21: Denkort Bunker Valentin/LzpB Bremen, Henry Fried; Ort 22: Jokes die Circusschule; Ort 31: Carsten Heidmann Fotografie; Ort 32: Jens Asmus; Ort 37: Arge Bremer Märkte; Ort 38: botanika Bremen; Ort 49: Medienwerkstatt/Kulturzentrum Schlachthof, Salome Dokhnadze; Ort 50: »Die Prinzessin auf der Erbse«, Bild: Marianne Menke, Regie und Ausstattung: Rainer Schicktanz; Ort 53: JUMP House/Anna-Lena Ehlers; Ort 56: St. Petri Dom/Rita Stumper; Ort 57: Bremer Philharmoniker/Jörg Sarbach; Ort 68: Bremer Bäder GmbH; Ort 76: Universum Bremen; Ort 78: Meike Artmann; Ort 79: Glocke Veranstaltungs-GmbH/himmelrenner; Ort 84: Übersee-Museum/Henry Fried; Ort 91: Romy Hauptreif; Ort 94: SV Werder Bremen

wissenswelten
Bremen. Bremerhaven.
botanika Bremen
Bremer Geschichtenhaus
Denkort Bunker Valentin
Übersee-Museum Bremen
Universum® Bremen
BREMEN
BREMERHAVEN
ZWEI STÄDTE. EIN LAND.
Deutsches Auswandererhaus
Deutsches Schifffahrtsmuseum
Klimahaus® Bremerhaven 8° Ost
Zoo am Meer Bremerhaven
HIER KANNST DU WAS ERLEBEN
www.wissenswelten.com
Wissenswelten ist eine Marke der
WFB Wirtschaftsförderung Bremen GmbH

Daniela Krause ist Journalistin, Kinderbuch-Bloggerin und waschechte Bremerin. Sie hat in Ganderkesee und Varel gelebt, ist ihrer Geburtsstadt an der Weser aber immer treu geblieben. Mit ihrem Mann und ihren beiden Kindern erkundet sie gerne die grünen und nassen Ecken in Bremen und der näheren Umgebung.